Comme deux gouttes d'eau

Isabelle Ortic

Comme deux gouttes d'eau

Selfie

ISBN-13 : 978-1494793906
ISBN-10 : 1494793903

Dépôt légal : juin 2014

À mes fils,

À leur papa,

À celles et ceux pour qui, devenir parents est une longue, trop longue histoire…

2006

Le blé, c'est champêtre comme le thème de notre mariage et il paraît que c'est le symbole de la fertilité. Avec tout ce qu'on nous a jeté à la sortie de l'église, je crois qu'on peut directement préparer le dossier pour prétendre à une carte de famille nombreuse. Nous en avons partout : dans les cheveux, les sous-vêtements et même incrusté dans la peau…

L'heureux élu - ou plutôt celui qui m'a dit « Oui » ce 22 juillet 2006 - et moi, avons organisé la cérémonie de A à Z, à notre image, en chansons. Gautier est passionné de musique et moi je l'accompagne de temps en temps dans ce loisir. Nous avons donc imaginé notre mariage autour de ce thème et tout fabriqué. À deux ou en famille, nous avons œuvré pendant plus d'un an pour que tout soit parfait. Nous avons créé nous-mêmes les faire-part. Chacun d'entre eux contenait le CD d'une chanson en duo que nous avions écrite, composée et chantée pour cette occasion. Aujourd'hui encore, on nous demande de la chanter dans les mariages auxquels nous sommes conviés. La musique pour entrer dans l'église avait également été composée par Gautier. Une amie a ému tout le monde en chantant a capella un magnifique Ave Maria. Notre entrée dans la salle où se déroulait le repas de noce s'est également faite en musique. Nous avions loué un piano quart de queue sur lequel ma sœur jouait des airs de cabaret. En milieu de soirée, pour surprendre mon mari nouvellement nommé, j'ai chanté pour lui une chanson d'Axelle Red, « Parce que c'est toi » accompagnée au piano par ma sœur. Malgré la trouille bleue que j'avais de chanter devant tout le monde, ce qui était pour moi une grande première, je me suis jetée à l'eau pour lui offrir cette déclaration d'amour.

Ce fut un moment magique et inoubliable. Certains disent que c'est le plus beau jour d'une vie. Je trouve qu'ils ont raison mais sans vouloir être exigeante, j'en voudrais bien quelques autres de plus beaux jours de la vie. On prend vite goût aux bonnes choses…

— Mon chéri, je suis heureuse, j'ai vraiment trop de chance dans la vie ! C'est louche !

— Lisa, arrête de trouver que c'est trop, tu vas finir par nous porter la poisse !

Cette tirade sur mon bonheur revient dans nos conversations comme un leitmotiv et semble faire frémir à chaque fois Gautier, mon mari. Bien sûr, comme tout le monde, j'ai des hauts et des bas mais je me sens privilégiée. J'ai une famille aimante : des parents présents, un frère et une sœur avec qui je m'entends bien. Et, cerise sur le gâteau, j'ai un prince charmant toutes options... Je ne suis ni quelqu'un de connu ou de reconnu, mais j'ai une vie telle que je l'avais rêvée enfant et adolescente.

J'ai toujours voulu être maîtresse d'école. Je récupérais les vieux protège-cahiers des années précédentes dans lesquels je glissais des feuilles d'exercices truffés de fautes. Quel plaisir ensuite de sortir un stylo rouge pour corriger ma pile de vingt cahiers ! Mes élèves avaient des prénoms tout droits tirés du calendrier des PTT. Il était hors de question qu'ils aient les mêmes prénoms que mes camarades de classe, c'était du sérieux mon affaire. J'avais un tableau noir que m'avait fabriqué mon père et un tampon à tableau, comme les vrais, acheté par ma mère. Je m'étais même fabriqué des bons points à distribuer à mes meilleurs élèves. Je ne laissais rien au hasard. Aujourd'hui, je suis vraiment « maîtresse d'école ». Mes élèves bougent bien plus que ceux tirés, à l'époque, du calendrier mais j'ai la chance de faire le métier que j'ai choisi même s'il s'avère parfois plus difficile et fatigant que je ne l'avais imaginé quand j'avais dix ans.

Tout ça serait-il trop beau ? Un après-midi d'hiver une citation trouvée dans une papillote de Noël vient conforter mes inquiétudes. C'est la bouche pleine de chocolat que je brandis un petit papier marron aux lettres d'or à Gautier :

— Tu vois, même Jules Renard l'a dit : « Il y a

des moments où tout réussit. Il ne faut pas s'effrayer, ça passe ».

Le premier petit grain de sable dans cette machine du bonheur bien huilée arrive juste après notre mariage. Alors que nous venons de nous engager devant le maire à une communauté de vie, Gautier, qui est professeur de français et qui jusque-là travaillait à côté de chez nous, en ville, est nommé à 150 km de la maison, dans la campagne profonde. Il ne peut pas rentrer tous les soirs. La direction de son établissement a eu la gentillesse de lui prêter une chambre d'internat dans laquelle il passe deux nuits par semaine. Ce prêt a l'avantage de nous éviter des frais supplémentaires, mais côtoyer ses élèves nuits et jours n'est pas du tout du goût de Gautier qui se plaint sans arrêt de sa situation. Très casanier, il est heureux s'il peut dormir le soir dans son propre lit. Même partir en vacances n'est pas un plaisir pour lui. Je lui accorde que cette situation est inconfortable mais que ce n'est pas bien grave. Cela est provisoire et ne représente qu'un petit moment désagréable au milieu d'une vie. La prochaine année scolaire, il pourra certainement obtenir un poste près de chez nous. D'ailleurs c'est ce qui se produira dès la rentrée suivante.

2007

Une nouvelle année scolaire débute. Gautier est à nouveau à la maison tous les soirs. Il a retrouvé un poste dans le lycée où il a fait ses débuts. Le week-end, nous aimons nous promener main dans la main dans notre petit village viticole, surtout en automne quand la vue bien dégagée sur la côte nous offre le spectacle flamboyant des vignes qui ont revêtu leur parure d'or. Nous regardons aussi les vieilles bâtisses en pierres en commentant leur possible restauration. Ces anciennes granges ou corps de ferme sont souvent réhabilités dans un style rustique mais parfois, des huisseries en aluminium et extensions en bois apportent une touche moderne et on se met à rêver qu'un jour, peut-être, nous pourrons vivre dans une maison semblable. Ces promenades dominicales sont aussi le moyen de mettre fin aux rumeurs nous concernant. Gautier n'étant plus rentré quotidiennement à la maison durant un an, la radio-ragot locale avait annoncé notre divorce. On dit souvent que de nos jours les voisins ne se connaissent plus. Visiblement, ce n'est pas le cas partout. Dans notre village, les gens ont même l'air de connaître des informations ignorées par les personnes principalement concernées. Notre vie à la campagne a repris son cours. L'avenir nous tend les bras.

Mais voilà, un beau jour, arrive un coup de fil de ceux qu'on n'aurait jamais voulu recevoir et tout bascule... Un jour dont je n'oublierai jamais la date : le 30 septembre 2007 ou l'anniversaire de la naissance de Mme Poisse dans nos vies.

Cela fait plus d'un an que nous essayons de « mettre en route » un bébé... J'ai toujours trouvé cette expression bizarre d'ailleurs et inappropriée... On ne met rien du tout en route, on ne contrôle pas grand chose à vrai dire. On fait l'amour sans contraception et on attend, on espère. Peut-être que certains réussissent à diriger les choses ou pensent pouvoir le faire. Mais pour notre part, nous n'avons vraisemblablement pas le GPS en option.

Quand j'ai arrêté la pilule, au moment de notre mariage, j'ai eu comme cette impression de sauter dans l'inconnu sans filet. Après avoir passé tellement d'années à faire en sorte de ne jamais l'oublier, c'est déstabilisant et grisant à la fois de ne plus prendre ce petit cachet... Un acte que l'on avait cantonné uniquement à l'érotisme prend tout à coup une toute autre dimension. Je me sens devenir adulte... Demain peut-être, je ne serai plus l'enfant mais la maman... J'ai du mal à me projeter dans la maternité et j'en ai tellement envie à la fois. Quand je jouais à la maîtresse, je délaissais parfois ma classe pour prendre soin de mon poupon, mon Lucien, ainsi nommé car il était chauve comme un vieux Lucien habitant mon village. Je lui mettais de vrais vêtements de bébés, de vrais couches, et je l'allaitais même consciencieusement grâce à une étrange proéminence de ma cage thoracique qui faisait office de poitrine pour l'occasion. Depuis toute petite, il est ancré en moi qu'une femme est aussi une mère. Quand certaines de mes copines adolescentes disaient qu'elles ne voulaient pas d'enfants parce que « c'est chiant les gosses », je ne me reconnaissais pas dans leurs propos. J'ai beau avoir peur de ce que ça représente, j'aimerais vraiment avoir un ou des enfants, Gautier aussi, donc il n'y a plus qu'à se jeter à l'eau…

Les mois passent et le retour de pilule est difficile… Mon corps peine à se remettre naturellement en route. Certains de mes cycles sont très longs et nous font espérer le résultat positif tant attendu mais de test de grossesse en test de grossesse, rien ne se passe mis à part une augmentation impressionnante des questions de l'entourage autour du sujet bébé : « Alors, vous allez bientôt agrandir la famille ? »
La réponse avait d'abord été aisée : « Pas tout de suite. Gautier travaille loin. Quand il aura eu sa mutation … »

Mais la mutation est finalement arrivée et la bonne excuse bien pratique s'est soudainement envolée... Que va-t-on pouvoir répondre désormais ? Ma première idée est alors : « Qu'est-ce que ça peut vous faire ? » Mais après réflexion, j'imagine que ce genre de réponse qui a l'avantage de clouer le bec à qui que ce soit risque de compliquer crucialement nos relations familiales et sociales... J'opte donc pour des répliques molles et évasives. « Pas maintenant », « Nous sommes jeunes encore et nous avons le temps »... « Pour l'instant, on s'occupe des enfants des autres et nous voyons bien qu'élever des enfants n'est pas chose facile donc on prend notre temps. » Blabla blabla...

Malgré le temps qui passe et les questions de l'entourage qui commencent à devenir pesantes, Gautier reste confiant et ne doute pas que nous serons vite parents. Mais moi, je commence à stresser et à m'inquiéter... Mes cycles sont irréguliers et ce n'est pas normal.

Au bout de dix mois d'essais infructueux, nous prenons rendez-vous chez le Docteur Rémon, notre généraliste, qui me demande de faire des courbes de température. Ce n'est pas grand chose mais c'est déjà un premier pas qui éloigne du désir naïf et distrait de faire un enfant. Tous les matins, à la même heure, un thermomètre qui bipe dans le derrière. Voilà comment a commencé notre grande aventure au pays de l'Assistance Médicale à la Procréation.

Trois mois plus tard, toujours rien à l'horizon et la bonne élève que je suis rapporte sa copie sous forme de graphique au médecin.

— Ce n'est peut-être rien mais c'est peut-être aussi un problème qui empêche la fécondation, vos courbes sont plates. Si j'avais été confiante et d'humeur, j'aurais ri des propos de mon médecin m'annonçant en regardant un graphique, que je n'avais pas de formes généreuses…

Voilà, j'ai donc un problème. Je le sentais bien que quelque chose clochait.

— Je vais vous donner un traitement pour soutenir votre phase lutéale, m'annonce le docteur Rémon.

— Luté… Quoi ? Qu'est-ce que c'est que ce truc ?

— La phase lutéale est la deuxième partie du cycle, celle où - s'il y a eu fécondation - l'embryon s'installe sur la paroi utérine.

Notre formation en gynécologie obstétrique vient de commencer. Nous serons bientôt incollables sur le sujet.

Nous rentrons à la maison quelque peu déstabilisés par ce que nous venons d'apprendre, inquiets aussi mais prêts à œuvrer pour que cela finisse par fonctionner. On est au début des grandes vacances. Il fait beau, nous sommes reposés et je prends consciencieusement mon traitement pour ma phase lutéale : tous les espoirs sont permis. Et c'est bien connu, les profs conçoivent leurs enfants en vacances…

Mais en septembre 2007, toujours rien à l'horizon sinon pour moi une inquiétude grandissante. C'est le moment que choisissent un cousin et sa femme pour annoncer l'arrivée prochaine de leur deuxième enfant en famille et en fanfare. Les bouchons de champagne sautent, les félicitations fusent, les embrassades émues s'enchaînent et moi je me décompose. Je pars dans les toilettes me réfugier pour pleurer. Je ne réussis pas à avaler mon repas. Je ne suis pas capable d'ouvrir la bouche pour participer à la moindre petite conversation sous peine d'éclater en sanglots. J'ai envie de m'enfuir mais je ne peux pas. Partir d'un coup nécessiterait une explication sur le champ ou en différé et je ne veux pas expliquer. On dit juste à mes beaux-parents en aparté que nous aussi nous aimerions avoir des enfants mais que nous n'y arrivons pas et que nous allons commencer à faire des examens. « Ce n'est rien, ça va venir »... Une petite phrase anodine et apparemment sans conséquence mais qui deviendra au fur et à mesure des mois, une phrase assassine. Quand on veut donner la vie et qu'on ne peut pas, non ce n'est pas rien. Mais il n'y a que ceux qui ont vécu cette douleur dans leur chair qui le savent.

Nous voilà donc de retour au cabinet de notre médecin traitant, le Docteur Rémon.

— Bonjour Docteur, je ne suis toujours pas enceinte malgré le traitement que vous m'avez donné. Que pouvons-nous faire ?

— Et bien, Monsieur va d'abord faire un spermogramme, ensuite, je vous adresserai à un service hospitalier spécialisé.

Un spermogramme ! Rien que ça ! Nous imaginons bien de quel genre d'examen il s'agit mais où, quand et comment faire un spermogramme ? Nous voilà un peu déroutés.

C'est sans hésiter que Gautier prend rendez-vous pour cet examen que beaucoup d'hommes repoussent au maximum. Pourtant, ce sera un moment assez désagréable. Il va dans un laboratoire d'analyse de ville qui n'a pas de salle prévue à cet effet. On l'installe dans un bureau avec une fenêtre donnant sur une autre pièce. Il y a bien un rideau mais il se trouve de l'autre côté. Il peut être ouvert par mégarde à tout moment. Après une brève explication sur le modus operandi dont je tairai les détails qui peuvent se trouver facilement, pour les plus curieux, sur internet, en tapant sur un quelconque moteur de recherche : « Comment se passe un spermogramme », Gautier se retrouve seul dans cette pièce avec du savon, une petite brosse et un pot stérile dont le diamètre nécessite une bonne visée et avec comme seule aide, son imagination.

Quand il rentre à la maison et me raconte les conditions de l'examen, je le félicite pour son self-control. Je suis fière d'avoir un mari comme lui car j'imagine que d'autres auraient fait demi-tour.

Et maintenant, nous n'avons plus qu'à attendre le résultat.

Lundi 30 septembre, je viens de rentrer quand le téléphone sonne.

– Mme Maillet, c'est le docteur Rémon au téléphone. J'ai reçu les résultats d'analyses de votre mari et il y a un problème sur son spermogramme… Je peux vous prendre en consultation vendredi soir.

Nous sommes lundi. La semaine s'annonce bien longue. Bien sûr, à ce moment là, j'ignore encore que l'on va devoir désormais compter le temps non plus en jours, ni même en semaines ou en mois, mais en années.

Gautier n'est pas là quand le médecin appelle. Je prends la nouvelle en pleine face sans trop savoir dans le détail à quel point les résultats de cet examen sont mauvais. J'ai en même temps le triste privilège de devoir annoncer à ma moitié qui doit rentrer un peu plus tard que son spermogramme n'est pas bon sans pouvoir lui donner plus de précisions. J'ouvre une bière, je n'ai pas l'habitude de boire en solitaire mais que faire, je ne sais pas, je ne sais plus et j'ai besoin d'occuper mes mains en l'attendant. Je reviens d'un cours de step. L'effort fourni aidant, je m'enivre en pleurant et en l'attendant. Je tourne en rond dans notre petit salon. Impossible de m'occuper à quoi que ce soit. Comment je vais parler à Gautier du coup de téléphone du docteur Rémon ? Comment je vais lui dire que son spermogramme n'est pas bon sans en savoir plus pour autant ? Tout se bouscule dans ma tête. Mille *scenarii* se construisent. Du plus heureux au plus sombre. J'ai peur, si peur de ce qui nous attend et de la mauvaise nouvelle que je dois apporter à mon amour. Comment lui dire...

Le téléphone sonne à nouveau. C'est Serge, le diacre qui nous a mariés. On se contacte très rarement mais à chaque moment important de notre vie, on le croise comme par enchantement. Il comprend au son de ma voix que ça ne va pas fort. Nous devons nous voir le lendemain. Nous expliquerons à sa femme et à lui, la mauvaise nouvelle qui nous accable.

Gautier finit par rentrer du travail. J'ai le visage brouillé d'avoir beaucoup pleuré.

— Mon chéri, Rémon a appelé. Les résultats du spermogramme ne sont pas bons. Mais ne t'inquiète pas, on va se battre et on réussira à avoir notre bébé.

Et sur ces belles paroles je fonds en larmes.

— Tu me dis que ça va aller mais tu pleures, ça ne me rassure pas.

Je pense qu'il sent dès ce moment qu'il va falloir qu'il me soutienne car si la route est longue et difficile, je risque de souvent flancher.

« Aujourd'hui, la journée sera ensoleillée du nord au sud. Le ciel se couvrira en fin d'après-midi sur le quart nord-est du pays. Les températures seront légèrement au-dessus des normales saisonnières avec... ». D'un geste lent et un peu gauche, j'arrête mon radio réveil. Ce jour là, je peine à me lever mais je n'ai pas le choix. Aujourd'hui est un jour de classe, je ne suis pas malade donc il faut assurer. Je laisse couler longtemps la douche en espérant que l'eau tiède pourra dissiper le malaise qui m'a brutalement gagné la veille au soir, mais en vain. Je ne serai pas plus réconfortée par mon bol de thé et impossible pour moi d'avaler la moindre tartine. J'ai la gorge trop serrée. Je me sens meurtrie dans tout mon corps, du fond de mes tripes jusqu'au bout des doigts. Il est temps d'y aller. Les quelques kilomètres qui me séparent de l'école dans laquelle je travaille me permettent de composer un visage détendu et souriant. Je veux éviter à tout prix que quelqu'un ne me dise : « Ça va ? Tu es sûre ? Ça n'a pas l'air d'aller... » De peur de me décomposer au beau milieu de la cour de récréation. C'est donc souriante que je fais quelques photocopies tout en saluant les collègues qui arrivent progressivement. Puis, comme à mon habitude, j'allume la radio pour écouter la matinale de France Inter et les informations tout en préparant soigneusement mon tableau et le matériel dont j'aurai besoin pour la matinée. Les premiers élèves arrivent dans la cour. Petit à petit, la ruche jusqu'alors endormie se met à

grouiller de leur présence. Il est trop tard pour faire demi-tour. La sonnerie retentit. Je prends une grande respiration et m'approche de mon rang. J'ai à peine le temps de lancer à ma classe : « Bonjour les enfants ! » qu'une grande et longue journée commence... « Maîtresse, il arrête pas de me taper ! », « Maîtresse, elle m'a traitée ! », « Maîtresse, je peux aller faire pipi ? », « Maîtresse, j'ai oublié mon livre. », « Maîtresse, j'ai un mot. », « Maîtresse, j'ai pas mon sac de piscine »...

Ma classe de 27 élèves de CE1 ultra difficiles, avec de nombreux enfants en grandes difficultés est un défi quotidien qui demande beaucoup d'énergie. Aujourd'hui, je n'en ai pas et pourtant, il va falloir se débrouiller, faire comme si ou puiser dans les réserves. Quand on s'occupe d'enfants, que ça aille ou pas dans notre vie, on ne peut pas faire autrement que d'être toujours égal dans son travail. Il est impossible de réduire le rythme ou d'allonger la pause café pour souffler un peu. Et pourtant, durant cette semaine, j'en aurais eu bien besoin de lever un peu le pied pour digérer ce qu'on venait d'apprendre.

Le vendredi suivant, nous nous rendons enfin chez notre médecin. Il a en main les résultats d'examens de Gautier. Au bas d'une double page blanche et bleue couverte de mots barbares, de chiffres et de pourcentages se trouve la conclusion du bilan : « Actuellement, l'ensemble des résultats permet d'évoquer une capacité fécondante compromise ».

Le message est clair. Tous les mots employés dans cette phrase sont référencés dans la base de données de mon cerveau, il n'y a aucune ambiguïté. La claque est cinglante. Heureusement, notre médecin se veut rassurant. Il a contacté un médecin du service d'Aide médicale à la procréation de l'hôpital. On lui a dit qu'avec une assistance médicale, il suffisait d'un seul spermatozoïde pour faire un bébé. L'examen indique que mon chéri en a 6.3 millions... Plus de 6 millions de bébés possibles ! Alors, tous les espoirs sont permis...

Motivée, prête à faire ce qu'il faut pour enfin devenir maman, dès le lundi matin, je téléphone pour prendre rendez-vous au service de stérilité conjugale :

— Alors, maintenant le prochain rendez-vous sera le mardi 15 novembre.

— Vous n'avez pas de rendez-vous plus proche ?

— Non, Madame. C'est le premier rendez-vous que je peux vous proposer.

— Nous travaillons le mardi. Y a-t-il des consultations le mercredi ?

— Non, Madame.

— Et bien nous allons nous débrouiller. Merci, au revoir.

Bienvenue à l'hôpital ! Je trouvais qu'une semaine pour voir notre généraliste, c'était le bout du monde... Alors là, un mois et demi, c'est la planète Mars avec un petit détour par Pluton !

Et comment va-t-on faire pour le travail ? L'avantage, c'est qu'avec de tels délais, on a tout le temps d'y réfléchir… Et effectivement, durant cette période, je n'ai pas chômé. Gautier, confiant, attend tranquillement notre rendez-vous pendant que moi, je commence ma formation en accéléré de spécialiste en stérilité masculine. Les termes et les chiffres de l'examen de sperme n'ont petit à petit plus de secret pour moi. En quelques jours, je pose le diagnostic. Mon mari a une Oligo-asténo-térato-nécro spermie, qu'on appelle plus communément OATS. En clair, il n'a pas beaucoup de spermatozoïdes et le peu qu'il a sont : soit fainéants, soit handicapés, soit morts ou les trois à la fois... La totale, quoi ! Maintenant reste à définir le degré de l'OATS. C'est plus compliqué mais d'après les pourcentages que j'étudie avec soin, il s'agirait d'un problème assez sévère.

Malgré tout, je suis rassurée de voir qu'il y a pire. Certains hommes ont une azoospermie. Ils n'ont aucun spermatozoïde dans leur sperme. Parfois, une ponction des testicules permet d'en trouver quelques uns. Mais lorsque la ponction est négative, ils sont définitivement considérés comme stériles et ne pourront jamais avoir d'enfant. Aucun traitement n'existe pour eux. S'ils veulent malgré tout avoir des enfants, ils doivent passer par le don de sperme ou l'adoption.

Alors certes, les têtards de mon chéri forment une petite troupe d'éclopés peu vaillants, mais je refuse de croire qu'il a 6 millions de tire-au-flanc. On va bien trouver un bon petit soldat parmi eux ! Des solutions existent pour nous, c'est certain, bien qu'à ce stade, je ne sois pas encore bien sûre desquelles.

Après ce premier diagnostic, je me sens abattue mais la colère aussi commence à monter. J'essaie de trouver des réponses à la fameuse question : pourquoi ? Pourquoi Gautier a ce problème ? Pourquoi nous ? Impossible d'associer ça à un terrain familial comme le diabète ou le cholestérol. Ses parents lui ont donné la vie sans soucis. L'infertilité n'est pas héréditaire ! Quoi que parfois un peu quand même. Mais pas dans notre cas, c'est certain. Je trouve un début d'explication dans l'enfance de Gautier. Quand il était petit, il avait un testicule qui faisait l'ascenseur… A onze ans, les médecins ont décidé d'opérer pour bloquer définitivement la machine au sous-sol et venir à bout de ce qu'on appelle une cryptorchidie. Une catastrophe ! Tous les sites que je consulte sur internet sont formels. Dans ce cas de pathologie, les enfants doivent être opérés au plus tard à deux ou trois ans sinon cela compromet fortement leur fertilité future.

La mère de Gautier culpabilise beaucoup. Personne à l'époque ne les a informés de ce problème. Les trois garçons de la famille ont été suivis de près par un pédiatre qui ne s'est pas alarmé. C'est leur généraliste qui a fini par orienter les parents de Gautier vers l'opération.

La colère m'envahit et ne me quittera plus. Je crois devenir folle quand j'entends dans notre entourage les conversations des jeunes mères qui ne tarissent pas d'éloges sur ce fameux pédiatre si compétent et expérimenté reconnu sur la place publique ! Dans les années 80, on s'intéressait encore peu à l'infertilité mais malgré tout, un spécialiste de l'enfance ne pouvait pas ignorer les conséquences d'une cryptorchidie non traitée à temps. Si l'opération avait eu lieu plus tôt, peut-être que ça n'aurait rien changé au problème mais peut-être aussi qu'il n'y aurait pas eu du tout de problème. Nous ne le saurons jamais...

Mardi 15 novembre 2007, c'est enfin le jour du rendez-vous tant attendu. J'aurais pu faire un calendrier de l'avant-rendez-vous-en-AMP, tellement j'ai compté les jours jusqu'à cette date. Nous avons listé soigneusement toutes nos questions avant de nous rendre à la maternité. Quel drôle de premier contact avec ce lieu qui pour moi ne représentait jusque là qu'un temple de la nativité et du bonheur. Je ne me sens pas vraiment à ma place dans cette aile de l'hôpital. Devant moi, une femme seule, son gros ventre en avant et une main soutenant son dos se présente et dit à la réceptionniste qu'elle vient pour une échographie. Derrière moi, le ventre est moins gros mais tout aussi rempli d'après le regard attendri que lui porte l'homme présent à ses côtés. Je me sens bien vide tout à coup et à mille lieues de ces futures mamans.

C'est notre tour. Nous recevons un ticket numéroté pour passer au bureau des entrées. Après quelques minutes d'attente durant lesquelles nous n'échangerons pas un mot, les chiffres rouges s'affichent sur un écran et un bruit de klaxon nous indique que c'est à notre tour. Nous nous avançons vers le bureau indiqué sur le tableau lumineux. Une secrétaire, assez forte, coupe courte et lunettes rectangulaires arborant un sourire mécanique nous fait signe de nous asseoir.

— Bonjour, vous êtes déjà venus ?

— Non.

— Je vais rentrer toutes les informations dont nous avons besoin : nom, prénom, adresse, téléphones... Je vous remets une feuille et des étiquettes à donner au médecin. Maintenant, vous vous rendez dans la salle d'attente n° 2. Vous passez les portes vitrées puis vous prenez le couloir jaune jusqu'au bout.

Pas le temps de commenter la météo ou quoi que ce soit d'autre. L'employée que nous avons en face de nous travaille à la chaîne. Il est probable que son temps par patient soit minuté, alors, ça doit défiler. Les informations qu'elle nous a données sont à peine enregistrées dans nos cerveaux que nous sommes déjà en train de sortir du bureau.

— Merci, au revoir.

Au bout du couloir jaune, nous atterrissons dans une nouvelle salle d'attente au milieu de gros bidons et de magazines du type *Neuf mois* ou *Famili*. Heureusement, quelques magazines people nous tendent les bras mais impossible de se plonger dans quoi que ce soit. Brad, Angélina et les autres ne retiendront pas mon attention ce jour-là. Nous sommes trop anxieux et pressés d'être enfin à ce rendez-vous.

Après une heure d'attente environ pendant laquelle nous n'avons pu absolument rien faire d'autre qu'attendre, une jeune fille, certainement une interne, vient nous chercher et nous conduit jusqu'à la salle de consultation. Le docteur Variot doit approcher de la quarantaine mais sa blondeur et sa beauté la font paraître bien plus jeune. Elle porte une blouse blanche sur ses vêtements tout comme l'interne à ses côtés. Pourtant, elle est bien plus classe que sa jeune collègue. Elle a une prestance toute naturelle qui n'a rien à voir avec un style vestimentaire. Sa poignée de main est franche, sèche et son regard est froid, à l'image de ce rendez-vous. C'est tout du moins le souvenir que nous avons gardé de ce premier contact avec la gynécologue qui nous suivra plusieurs années. Elle nous pose des questions sur notre parcours, puis m'examine. Nous lui posons à notre tour toutes les questions que nous avons listées.

— Que pensez-vous de mes courbes de température ?

— Elles ne servent à rien.

— Que pensez-vous du spermogramme ?

— Il n'est pas bon mais un spermogramme fait dans un laboratoire de ville ne convient pas. Il faudra en refaire un chez nous.

— Quels traitements allez-vous nous proposer ?

— Je ne peux pas vous dire avant que vous ayez fait d'autres examens.

Toutes nos questions restent en suspens. Nous savons que nous avons un problème, qu'il est important et la gynécologue réagit comme si aucun diagnostic n'avait encore été posé. Nous repartons, frustrés et déçus de ce premier contact avec une liste impressionnante d'analyses à faire. C'est tout neuf pour nous et cela s'annonce très complexe. Surtout pour mes examens, car ils doivent se faire à un moment précis du cycle. Comment faire concorder un agenda biologique et donc aléatoire avec mon agenda de travail et celui des différents centres d'analyses ? Me voilà face à un véritable casse-tête...

Calendrier, ordonnances, téléphone et stylos en main, la programmation des examens débute. Beaucoup consistent en des prises de sang dont certaines à faire, pour moi, très précisément au 3ème jour du cycle. Je savoure la chance que j'ai de travailler dans une école de centre ville proche d'un laboratoire. Ce qui me permet de faire tous ces examens avant de rejoindre mes élèves. Je dois cependant arriver très tôt car on se croirait à l'entrée d'un concert de Johnny. La queue devant le laboratoire commence même avant l'ouverture, sur le trottoir. Et quand c'est jour de marché, il faut jouer des coudes pour espérer passer avant la saint Glinglin !

Mes sérologies, hépatite, VIH, sont vérifiées puis mes hormones dont l'AMH (Hormone anti-mullerienne) qui indique à quel stade en est ma réserve ovarienne. Plus l'AMH est faible, plus on se rapproche de la ménopause et plus les chances de concevoir naturellement ou par assistance sont minces. Comme avec les jeux d'entraînement cérébral, je vais avoir le plaisir de découvrir quel est mon âge biologique. Espérons que je ne m'approche pas trop de la cinquantaine...

Au troisième jour du cycle, je dois aussi faire une échographie pour explorer mon utérus et regarder mes ovaires et leur contenu. Mais voilà une première difficulté à surmonter. Qu'est-ce que le troisième jour du cycle ? Studieuse, je recherche sur le net, qui me sera souvent d'une aide précieuse, la définition : « premier jour d'écoulement franc », « Quand l'écoulement franc arrive avant 17 h 00 », « Quand on se lève le matin avec un écoulement franc »... La Seine, par exemple, tout le monde est d'accord pour dire qu'elle coule mais est-ce que son écoulement est franc comparé à celui des chutes du Niagara ? Et admettons que je ne sois pas sûre d'être à J3. Je peux attendre J4 et la comparaison entre les deux jours m'éclairera certainement. Mais dans ce cas, si je conclus que J3 était hier, ce sera trop tard pour l'examen... Comment s'y retrouver ? Parfois, c'est très clair mais à d'autres moments, le doute me saisit. Premier ou deuxième jour ? Et l'angoisse de se tromper monte. Si on demande un examen à J3 précisément, c'est que J2 ou J4 ne feront pas l'affaire...

Malgré l'incertitude, je prends rendez-vous pour l'échographie à l'hôpital après avoir prévenu mon inspection et ma directrice que j'arriverai en classe en retard. Pour ce premier rendez-vous, Gautier était disponible pour m'accompagner, nous nous rendons donc ensemble à l'hôpital.

Je me présente à l'accueil :

— Bonjour, je suis Mme Maillet, je viens pour une échographie.

— Vous êtes à combien de mois de grossesse ?
— Je ne suis pas enceinte ! C'est une échographie en AMP.
— Il faut nous le préciser Madame.

Ma gorge se serre et je peine à avaler ma salive. Je tente de plaquer un sourire poli sur mes lèvres et je songe très fort que la prochaine fois, je ne commettrai pas ce même impair. Je suis dans la case stérilité et pas dans celle maternité, je l'ai bien compris et je ne me méprendrai plus.

Puis nous patientons, comme d'habitude, au milieu des ventres de toutes les tailles avant de passer au bureau des entrées et enfin, nous nous rendons dans les locaux du CECOS (Centre d'étude et de conservation des œufs et du sperme humains) où doit se passer l'examen. Après une attente toujours trop longue, une sage-femme vient nous chercher dans la salle d'attente et nous entrons dans la salle d'examens.
— Madame, vous enlevez le bas et vous venez vous allonger sur la table d'examen.
— Tout le bas ?
— Oui.

Je suis sceptique. J'ai déjà vu des échos à la télé avec une sonde posée sur le ventre. Quel intérêt d'être nue comme un ver ?

Allongée sur la table à étriers, je comprends alors vite que j'ai encore confondu avec une échographie de grossesse. Il faut décidément que j'arrête de me prendre pour une femme enceinte ! L'examen qu'on va me faire n'a rien à voir avec ça... Jambes écartées, pieds dans les étriers, sage-femme armée d'une sorte de sex toy long d'une trentaine de centimètres sur lequel elle installe un préservatif et du gel, et l'exploration peut commencer. Gautier, à l'autre bout de la pièce est très gêné. Il sait que je ne m'attendais pas du tout à ça, lui non plus d'ailleurs. Cet examen certes surprenant, n'est pas douloureux et tout semble aller pour le mieux. Nous repartons, contents d'avoir passé une étape !

Reste maintenant, la cerise sur le gâteau, l'examen phare tant redouté par les femmes en diagnostic de stérilité. À l'époque, j'ai eu la bonne idée de ne pas me renseigner sur internet et fort heureusement car je n'aurais peut-être pas eu le courage d'aller passer l'hystérosalpingographie. Cet examen se passe aussi dans la première moitié du cycle car si une grossesse a débuté, il peut provoquer une fausse couche. Quelle ironie ! Cet examen est fait justement parce que je ne peux pas être enceinte ! Il nécessite une prémédication et une post médication : suppositoire, ovules vaginaux et antibiotiques par voie orale. On ne peut pas avoir plus complet. A part les oreilles et le nez, aucun orifice n'est épargné !

Le jour de l'examen, je suis allongée, nue, sur une table dure de radiologie. J'ai les jambes écartées et la radiologue introduit dans mon vagin un cathéter avec une sorte de pince dessus qui doit s'accrocher à la paroi de mon utérus. Une fois le cathéter installé, elle injecte un produit de contraste avec une certaine pression pour qu'il passe dans mes trompes. La douleur est vive. Mais comme la manipulatrice m'avait prévenue, je serre les dents en attendant que ça passe. Entre deux clichés, elle me demande, inquiète, comment je vais. J'apprendrai plus tard que de nombreuses femmes font des malaises durant cet examen d'où son attention toute particulière. La radiologue analyse les clichés et tout va bien ! Yes ! Deuxième examen réussi !

Gautier, de son côté, fait une échographie des testicules. Pas de doute pour lui, cette écho ne se passera pas sur le ventre ! Le diagnostic est comme nous l'imaginions... La période « ascenseur » a laissé des traces qui pourraient expliquer nos difficultés à concevoir...

Et enfin, le 24 décembre, nous allons fêter Noël à 7 h 00 du matin dans une salle de recueil du CECOS pour un nouveau spermogramme. L'hôpital ne fait confiance qu'à son laboratoire et ne veut pas se servir des résultats du laboratoire privé dans lequel Gautier a fait son premier examen. Je souhaite accompagner mon mari, convaincue qu'il est important de recréer un peu d'intimité dans ce monde de blouses blanches, et que sa femme sera plus encourageante que les bombes siliconées de vieux magazines. Il n'y croit pas trop mais ne voulant pas me contrarier, il accepte. Grave erreur de jugement ! Même si la pièce est cette fois plus adaptée et confortable : pas de fenêtre, fermeture à clé, sonnette pour appeler l'infirmière après la besogne... le lavage chirurgical demandé, les vieux magazines, les bruits de passage dans le couloir ont raison de mon enthousiasme. Un recueil de sperme n'est et ne sera jamais un moment sensuel.

En ressortant, je fonds en larmes. Je comprends dans ma chair qu'on est en train de nous déposséder de quelque chose et qu'il ne sert à rien de vouloir lutter. Nos corps sont à disposition des médecins, sages-femmes et infirmières... Il faudra désormais cloisonner. Le corps d'un côté et l'esprit de l'autre.

Les fêtes de Noël se passent évidemment sans grand enthousiasme. Je redoute toujours les annonces en rose ou bleu. Un baptême, le sexe d'un bébé à venir sont annoncés mais rien de plus. Ouf, c'est fait. Puis nous partons une semaine en vacances à la montagne avec des copains qui n'ont pas d'enfant. La première soirée en leur compagnie est décisive pour moi et donnera le ton des vacances. Toutes les filles du groupe prennent un verre d'alcool à l'apéritif. J'en déduis donc rapidement qu'aucune d'entre elles n'est enceinte ! Je vais pouvoir donc laisser de côté pour une semaine le thème de la maternité et profiter, juste profiter de bons moments.

Je lève mon verre et dans un élan certainement trop enthousiaste pour l'assemblée qui ignore toutes les déductions qui viennent de se faire dans ma tête au moment de servir les kirs, je lance presque en criant :
« A notre santé ! A nos vacances les amis ! »

Et nous voilà partis pour une folle semaine de raclettes et batailles de boules de neige. Nous skions une paire de jours mais les chaussures de location me broient les pieds et très vite, Gautier et moi décidons de rejoindre le groupe des non skieurs, adeptes des toupies, ces luges rondes qui descendent en tournant sur elles-mêmes. Les fous rires, les gamelles et le bon air des Alpes sont pour moi une bouffée d'oxygène mais même si on s'amuse beaucoup, mes insomnies récurrentes me rappellent que ça ne va pas fort dans nos vies et que cette parenthèse n'est pas totalement étanche à ce que nous vivons depuis quelques mois. Le 31 décembre, aux douze coups de minuit, Gautier et moi nous serrons dans les bras et formons le vœu que cette année nouvelle nous apporte enfin ce bébé tant attendu. Nous aurons besoin de la médecine pour ça, c'est une certitude désormais mais l'important est qu'il arrive ce petit et peu importe son mode de fabrication…

2008

À peine rentrés de notre séjour dans les Alpes, c'est l'heure de reprendre le chemin de l'école et de l'hôpital. Le 10 janvier 2008, nous avons notre deuxième rendez-vous avec la gynécologue du CHU. J'ai choisi un porte document vert pour y glisser notre espoir et surtout nos résultats d'examens. Ceux auxquels nous avons accès, tout au moins, car le spermogramme et l'échographie pelvienne ont été réalisés à l'hôpital qui verse directement les résultats à notre dossier, sans copie pour nous. J'aurais aimé avoir ces résultats avant pour me faire une idée du diagnostic et me sentir un peu plus active dans notre démarche. Faire un enfant demande généralement une certaine implication physique et psychologique. Comment devenir parent en n'étant qu'un simple patient passif ?

Gautier s'arrange pour décaler une heure de cours. Pour ma part, je demande une autorisation d'absence pour un rendez-vous médical. Mes collègues, curieuses, me demandent pourquoi je m'absente. Il est hors de question que je leur réponde. Plusieurs d'entre elles sont loin d'être bienveillantes et sont dotées d'une curiosité malsaine. Elles s'abreuvent des difficultés des autres pour les distiller ensuite à qui souhaite les entendre aux heures des repas dans la cuisine de l'école. Au menu, une dépression en entrée, une cougar en plat de résistance et un cancer pour le dessert... Je connais malgré moi et avec regret la vie intime de certaines d'entre elles et je ne souhaite pas que ma vie privée alimente désormais les conversations. Le mystère que je laisse planer sur mes rendez-vous médicaux ne fait que renforcer l'antipathie que certaines ont à mon égard. Peu importe, j'ai fait un choix et je l'assume désormais. J'ai pris soin malgré tout de rassurer en disant que ce n'était rien de grave mais la confidence s'arrêtera là. Je refuse obstinément que notre stérilité soit servie au café !

Le chemin de l'hôpital commence à devenir familier, tout comme le stationnement. Selon notre heure d'arrivée, nous savons où nous avons le plus de chance de trouver des places. Ces petites habitudes sont à la fois rassurantes puisque l'univers hospitalier ne nous effraie plus mais aussi angoissantes : nous commençons à venir dans les parages depuis un peu trop longtemps à mon goût et ce n'est pas fini...

Aujourd'hui est un grand jour, nous allons enfin savoir ce que la médecine peut concrètement faire pour nous. Accueil, salle d'attente, bureau des entrées, salle d'attente à nouveau.

— Mme Maillet, c'est à vous.

Le docteur Variot nous fait entrer dans son bureau. Nous la trouvons plus abordable et plus souriante que la fois précédente.
— Nous avons étudié votre dossier lors de notre dernier staff et au vu de l'infertilité de votre couple, nous vous proposons une FIV-ICSI.
C'est un coup de massue. L'ICSI est ce qu'on tente généralement en dernier recours quand le reste n'a pas fonctionné. C'est l'artillerie lourde que l'on sort quand la situation est désespérée.

L'Aide Médicale à la Procréation est très hiérarchisée. Selon le degré d'infertilité, les actes sont de plus en plus médicalisés et intrusifs.
Il y a d'abord la stimulation ovarienne : des cachets ou quelques piqûres pour provoquer et bien repérer l'ovulation. Le reste se passe sous la couette. Les médecins restent donc à distance. Puis vient l'insémination artificielle. Les ovaires de la femme sont également stimulés et le jour de l'ovulation, le sperme de l'homme est recueilli par masturbation puis traité pour être injecté avec une pipette dans le vagin ou dans l'utérus de la femme. Le glamour est déjà loin mais l'acte est rapide et indolore.

Quand ces méthodes n'ont pas fonctionné, on passe à la Fécondation in vitro. Il y a la FIV classique, plutôt indiquée en cas d'infertilité féminine. On ponctionne, sous anesthésie, les ovocytes de la femme après stimulation des ovaires puis on les place dans une éprouvette avec le sperme de l'homme afin de créer des embryons qui seront ensuite replacés dans l'utérus de la femme. Cette technique est préconisée pour des couples infertiles ayant déjà un bon niveau de poisse.

Enfin, pour les infertilités masculines sévères, c'est la Rolls Royce des techniques qui est proposée, à la pointe du progrès : la Fécondation in vitro ICSI. Un spermatozoïde « d'aspect correct » est injecté avec une pipette dans un ovocyte afin de former un embryon. Cette technique qui date des années 90 manque encore de recul. On craint par exemple que l'infertilité d'un père puisse être transmise à son fils. Elle est malgré tout couramment utilisée.

FIV-ICSI ! Ce terme résonne dans ma tête ! Je savais que notre problème était plutôt important mais de là à sortir un bazooka sans avoir essayé quelque chose de moins violent auparavant… Encore peu habituée au monde médical, je me hasarde à une négociation.

— Est-ce qu'on pourrait tenter des inséminations artificielles avant ?

— Non ! Ça n'est pas envisageable dans votre cas.

La réponse quoique brutale a le mérite d'être claire. Le Docteur Variot se veut néanmoins rassurante. Nous sommes encore jeunes donc les chances de réussite sont bien là.

Le rendez-vous se poursuit par l'étude des clichés de mon hystérosalpingographie (radiographie des trompes de Fallope) du mois de décembre.

— Ça ne circule pas très bien dans votre trompe gauche Mme Maillet.

— Ah bon, la radiologue m'a pourtant dit que tout allait très bien. Elle se demandait même pourquoi on m'avait prescrit cet examen.

Qu'importe ! Pour une FIV, les trompes ne servent de toute façon pas puisque les ovocytes sont prélevés dans les ovaires avant l'ovulation et les embryons sont ensuite replacés dans l'utérus.

— Si vous êtes d'accord pour les ICSI, vous devez prendre rendez-vous auprès du chef de service du laboratoire de biologie de la reproduction pour signer votre consentement. Vous n'êtes pas obligés de donner votre réponse maintenant. Vous pouvez prendre le temps de la réflexion.

Réfléchir, c'est bien, mais en langage hospitalier, ça revient à rajouter deux mois de délai en plus, le temps que nécessite la prise d'un nouveau rendez-vous. Le temps nous semble déjà suffisamment long comme ça. On est là pour faire un bébé et ce sont des spécialistes chevronnés qui nous proposent cette technique. Alors, d'une même voix et avant de se retrouver à la porte du bureau du Docteur Variot, on s'exclame : « On est d'accord pour les ICSI ! »

Comme pour toute intervention, les risques existent et avant de signer notre consentement, on nous les présente. Ils sont bien décrits par la gynécologue : torsion des ovaires (qui est douloureuse comme un coup de poignard), hyperstimulation ovarienne (on se met à gonfler de partout avec un risque d'épanchement pleural allant jusqu'au coma…) et risque de transmission de l'infertilité masculine. Quel programme alléchant ! Ça fait rêver ! Relativisons tout de même. En sortant de l'hôpital, on peut se faire renverser par une voiture, la maison peut aussi prendre feu…

Allez, on fonce ! D'autant qu'on a beaucoup de chance d'être Français. La politique nataliste de notre pays fait que les FIV sont entièrement prises en charge par la Sécurité sociale pour quatre tentatives maximum. A quatre-mille euros la tentative, on chanterait presque une petite Marseillaise !

Avant de partir, le docteur nous redit bien que nous ne sommes pas dans un profil de stérilité mais d'infertilité. Ce qui signifie qu'un bébé peut pointer le bout de son nez tout naturellement ! C'est le comble : une insémination artificielle serait vouée à l'échec pour nous mais un bébé couette est envisageable ! Je reste sceptique et pourtant je ne cesserai jamais d'espérer ce miracle.

Fin janvier, je demande à nouveau une autorisation d'absence pour pouvoir nous rendre au rendez-vous du Professeur Gomez, éminent biologiste du Centre Hospitalier Universitaire. Cet homme expérimenté, proche de la retraite est doux, calme et rassurant. Il ne semble pas être devenu biologiste comme le font certains pour fuir le contact des patients. Bien au contraire. Son regard est vrai, empathique et chaleureux. C'est la première fois que nous le rencontrons et face à lui, nous n'avons pas l'impression de n'être qu'un simple numéro. Il nous parle comme le ferait un père. Il nous dit et nous répète qu'il est très confiant pour nous. Une ICSI, c'est 30% de réussite par tentative mais au vu de notre profil et notamment de mon jeune âge (Je viens de fêter mes vingt-huit ans), on tourne plutôt autour de 40%. Nous décidons ensemble que pour cette première tentative, on ne me transfèrera qu'un seul embryon pour éviter une grossesse multiple.

À chaque rendez-vous, je ne cesserai de demander aux médecins quel est le taux de réussite des FIV-ICSI à l'issue des quatre tentatives. Je n'aurai jamais la réponse. Est-ce que ma question n'était pas claire. Est-ce que le centre ne souhaite pas transmettre ces informations ? Est-ce que personne n'a jamais fait le calcul ?

Avec ma licence de lettres modernes et une logique mathématique plutôt défaillante, je me hasarde pourtant à faire mes propres calculs. J'ai un besoin viscéral de savoir si les FIV sont la solution pour toutes ou si certaines femmes, après un long parcours, repartent de l'hôpital, le ventre toujours aussi vide.

J'arrive à la conclusion suivante : sur 100 femmes, à la première tentative, 30 auront un bébé. Les 70 autres vont retenter et 21 auront un bébé. A la troisième tentative, 15 femmes sur 49 auront leur bébé. Et enfin, à la quatrième tentative, 10 femmes sur 34 auront réussi. Sur les 100 femmes du départ, il y en aura donc 24 soit environ un quart que la médecine n'aura pas pu aider à fonder une famille. Les FIV ne sont donc pas la solution miracle pour tous les couples mais je n'ai pas 40 ans donc tout est possible, et dans cette course au bébé, nous faisons partie des favoris. Me voilà rassurée et remontée à bloc.

Nous prenons donc rendez-vous sur le champ avec une sage-femme pour la programmation de la première FIV ainsi qu'avec un anesthésiste ! En route pour la victoire !

En attendant, nous nous occupons en multipliant les activités qui excluent la présence d'enfants et en essayant de se convaincre qu'on est bien tranquille finalement tous les deux. On savoure même de ne pas être à la place de la pauvre mère échevelée tentant en vain de calmer son rejeton qui se roule par terre en hurlant devant le rayon bonbons du supermarché. On apprécie de faire des grasses matinées le week-end avec croissants au réveil quand les jeunes parents de notre entourage sont debout depuis l'aube… Mais la méthode Coué a ses limites et la frustration finit toujours par reprendre le dessus. On ne construit rien dans l'attente. On se contente de combler le temps pour qu'il passe un peu plus vite.

Un mois plus tard, nous nous rendons au rendez-vous de programmation de la FIV. Il se fait pendant les vacances de février. C'est une bonne chose puisque ça m'évite de m'absenter de l'école encore une fois. C'est le début d'après-midi quand nous arrivons à l'hôpital. Après avoir suivi le désormais familier parcours : accueil, salle d'attente, bureau des entrées, salle d'attente, nous rencontrons une sage-femme souriante et très sympathique. Nous avons le même prénom et ce petit détail pourtant insignifiant me réconforte. Je me sens bien, ici, dans ce bureau, avec cette personne qui côtoie des couples infertiles toute la journée en ayant malgré tout beaucoup d'empathie pour chacun d'eux. Elle sort un calendrier et me demande la date de mes dernières règles :

— Et bien nous allons commencer le traitement de la FIV aujourd'hui ! nous annonce-t-elle.

Quoi, comment ! Là tout de suite. Mon cœur se met à battre plus fort. Je n'en reviens pas. À force d'attendre, et encore d'attendre, on est tout à coup pris de court. Anxieuse et très enthousiaste, j'écoute attentivement les explications de la sage-femme. Sur un graphique, elle nous dessine le programme du traitement, les dates, les heures des injections, des échographies et des prises de sang. Puis elle nous fait tout un tas d'ordonnances.

La première piqûre doit avoir lieu ce soir entre 17h00 et 19h00. Elle nous propose de venir à l'hôpital auprès d'une infirmière qui nous montrera comment faire. J'ai droit à une infirmière à domicile mais nous trouvons ça trop contraignant donc nous avons décidé que Gautier me ferait les injections.

En attendant la fin de l'après-midi, nous allons commander les différents produits. Des cachets d'acide folique pour éviter les malformations du fœtus, un antagoniste pour bloquer les ovaires, un stimulant pour pousser la production des follicules et un déclencheur pour provoquer l'ovulation. Tout un programme ! Nous repartons de la pharmacie les bras bien chargés de cette séance de shopping peu commune mais qui nous ravit.

Vers 17h00, nous retournons à l'hôpital pour la première piqûre. L'infirmière me désinfecte avec un coton un morceau de peau du ventre, puis elle prend une seringue et une très grosse aiguille au bout rose.
Je commence à blêmir.
— Vous allez me piquer avec ça ?
— Oh là, non Madame. Cette aiguille de ponction sert uniquement à prélever le produit. Pour l'injection, c'est une aiguille beaucoup plus petite. Me voilà rassurée...

L'infirmière continue sa préparation en cassant une ampoule dans laquelle elle prélève un liquide transparent qu'elle injecte ensuite dans une autre ampoule contenant de la poudre. Au contact du liquide, la poudre disparaît et l'infirmière prélève le contenu transparent dans la seringue puis elle change l'aiguille. Ouf, la deuxième aiguille jaune est, comme promis, beaucoup moins menaçante. Gautier et moi sommes debout à côté d'elle. Nous photographions dans nos mémoires chacun de ses gestes pour pouvoir les reproduire à l'identique. Ce n'est pas facile de retenir toutes ces manipulations pour des novices comme nous mais nous sommes confiants. On saura faire !

L'instant crucial arrive. L'infirmière s'approche de moi, me pince un bout de peau du ventre puis enfonce l'aiguille. Je sens une petite piqûre mais rien de bien méchant puis soudain, un fort pincement et une brûlure. La piqûre en soi ne fait pas mal mais le produit injecté, beaucoup plus. Ce petit détail là ne m'a malheureusement pas été communiqué avant pour que je puisse m'y préparer. Je commence à avoir les jambes qui flageolent, à me sentir mal. L'infirmière et Gautier me placent sur un fauteuil et je perds connaissance. Quand je reviens à moi, on me prend la tension. Je suis à huit. Nous attendons tranquillement que je reprenne peu à peu mes esprits. Enfin, après de longues minutes, je me sens mieux. Je suis quand même encore un peu faible alors Gautier va chercher la voiture et me conduit jusqu'à la sortie de l'hôpital en fauteuil roulant. J'ai parfois entendu les personnes âgées dire que bien souvent, on arrive à l'hôpital debout et qu'on en ressort les pieds devant. Il doit y avoir du vrai dans ces vieux adages… En tout cas, il va falloir que je reprenne du poil de la bête car une ICSI, c'est une quarantaine de piqûres et environ cinq prises de sang. Alors si je dois tourner de l'œil à chaque fois, on n'a pas fini !

Le lendemain, c'est Gautier qui me pique. Les gestes sont encore un peu gauches. C'est tout nouveau pour lui. Mais tout se passe pour le mieux. J'ai quand même pris la précaution de rester couchée pour l'injection, mieux vaut prévenir...

Nous sommes très contents et très fiers de nous. Chaque soir, c'est notre petit moment partagé. Je n'ai toujours pas de bébé dans mon ventre mais toutes ces injections me remplissent. Il se passe quelque chose de concret, de palpable. Le vide qui nous habitait se comble peu à peu.

Au bout d'une vingtaine de jours, l'écho de contrôle arrive et tout va bien. On peut passer à la deuxième phase de la FIV. Ce sera désormais deux piqûres tous les soirs. La deuxième est sous forme de stylo. La notice est longue à étudier mais finalement la manœuvre est bien plus simple que pour la première piqûre et le produit n'est pas du tout douloureux.

Huit jours plus tard, j'ai un nouveau contrôle échographique puis une prise de sang qui confirmera qu'il est tant de passer aux choses sérieuses. On est vendredi et c'est le branle-bas de combat. Lundi, c'est Pâques mais mes ovaires ne peuvent pas attendre. La ponction des ovocytes aura donc lieu un jour férié. La secrétaire m'annonce que je dois faire mes deux piqûres ce soir comme d'habitude puis demain, à 23 h 00, je dois faire une autre piqûre avec un produit qui déclenchera l'ovulation. Nouveau produit, nouveau packaging. Il va falloir étudier ça de près puisque la piqûre doit avoir lieu à 23 h 00 pile. Je dois aussi appeler une infirmière libérale pour lui demander de venir me faire une prise de sang dimanche matin. C'est chose faite. Il n'y a plus qu'à surveiller l'heure.

Les réveils de nos téléphones portables sont réglés sur 22 h 45. Nous avons peur d'oublier alors que pourtant nous ne pensons qu'à ça. Le compte à rebours est déclenché. Mon mari, comme dans les westerns est prêt à dégainer la seringue. A 23 h 00, il s'empresse de m'injecter le produit. Ouf, c'est fait et la seringue ne s'est pas autodétruite ! Nous pouvons aller nous coucher à peu près paisiblement.

Le lendemain matin, nous attendons l'infirmière qui met beaucoup de temps à arriver. Je commence à m'inquiéter. Nous aurait-elle oubliés ? Enfin, vers treize heures, la voilà. Elle est fort sympathique et prend le temps de nous parler et de nous rassurer. Elle pique de nombreuses femmes en procédure de FIV. Et beaucoup ont aujourd'hui des ventres ronds ou déjà leur petit bébé.

Gautier a lui aussi sa mission du jour. Il doit penser à beaucoup boire en vue du recueil de sperme. Il se promène toute la journée dans la maison avec sa grosse bouteille d'eau minérale. Zélé, il en boit bien plus que ce qu'on lui a demandé. J'ignore si ça améliorera nos chances de réussite. En tout cas, ce qui est sûr, c'est que ça allonge la file d'attente aux toilettes !

Le soir, en regardant la météo, nous nous rendons compte qu'un risque de neige est annoncé pour le lendemain. Un week-end de Pâques sous la neige. Il ne manquait plus que ça pour augmenter notre anxiété naturelle. Nous habitons un petit village dans les hauteurs. C'est généralement bien dégagé mais un lundi de Pâques à 6 h 00 du matin, j'ai des doutes… Nous décidons de partir dans l'après-midi chez mes beaux-parents qui habitent en ville, près de l'hôpital. Nous ne dormons pas très bien. Mais ça ne m'embête pas car je sais que je vais passer la journée dans un lit, assommée par les produits anesthésiants…

Lundi matin, 6 h 30, nous partons à l'hôpital sous de gros flocons qui commencent à habiller la ville de blanc. Comme nous l'a indiqué la secrétaire au téléphone, nous nous rendons directement dans les étages. Tout est en travaux. Nous ne savons pas trop où nous devons aller. Enfin, nous trouvons une infirmière qui sait qui nous sommes et pourquoi nous venons. Les FIV ne se font généralement pas les jours fériés. Mes ovaires en ont décidé autrement. Nous sommes donc les seuls à venir pour cette raison aujourd'hui.

On me demande de me déshabiller complètement et d'enfiler une blouse à pressions dans le dos et des bas de contention. Je m'installe dans le lit où on m'apporte une prémédication pour me détendre. Gautier m'embrasse et descend au

CECOS pour son recueil. A peine avalé, le traitement fait son effet et je m'endors.

Quand on vient me chercher, j'ouvre les yeux mais je suis complètement dans les vapes. Je me souviens vaguement qu'on me pose des questions et que j'y réponds mais je ne suis plus vraiment là. On m'emmène au bloc. J'entends un médecin se plaindre de problèmes d'ordinateur mais je ne sais pas trop où je suis. On m'allonge sur la table d'intervention, pieds dans les étriers comme pour les examens gynécologiques. Puis on me pose un masque sur le nez qui m'endort immédiatement.

La ponction ovocytaire est rapide. L'anesthésie ne dure pas plus de 15 min. Avec une aiguille spéciale, on me ponctionne les ovaires sous échographie pour y extraire les follicules.

Cette manœuvre se fait à une heure très précise puisque l'ovulation doit être en train de se préparer mais ne doit pas encore avoir eu lieu. Sinon, c'est trop tard.

En salle de réveil, j'ouvre les yeux et je vois mon mari qui est là. J'étais la seule patiente ce matin là. Pas d'urgence gynécologique en ce lundi de Pâques donc Gautier a été autorisé à me rejoindre. Les brancardiers me raccompagnent dans ma chambre. Je dors un certain temps. Vers midi, Gautier part arpenter les couloirs de l'hôpital en quête d'un sandwich. Il n'est pas là quand le Professeur Gomez, le biologiste, entre

dans ma chambre. Pourtant, j'aimerais qu'il soit à mes côtés.
— Bonjour Madame.
— Bonjour Docteur.
— Lors de la ponction, nous avons prélevé 24 follicules qui contenaient 20 ovocytes.
— C'est beaucoup, c'est super.
— Il y en a beaucoup, c'est vrai mais un seul était mature. Nous en avons gardé quatre autres qui ont été maturés in vitro, ce qui les rend plus fragiles malheureusement. Nous avons finalement pu tous les injecter avec des spermatozoïdes mais maintenant, il va falloir qu'ils prennent. La secrétaire vous appellera mercredi matin pour vous dire s'il y a des embryons.

Je suis sous le choc. Que s'est-il passé ? Pourquoi mes ovocytes ne sont pas comme il faut ? On m'apporte mon plateau repas. Je mange difficilement. La visite du Professeur m'a coupé l'appétit. Y aura-t-il des embryons mercredi ? Je ne pense qu'à ça. Je me suis faite à l'idée que nous aurions un bébé éprouvette mais je ne suis pas prête à accepter qu'un grain de sable vienne entraver le bon déroulement de la procédure de la FIV. En attendant ma sortie, je fais grise mine.

Il est 17 h 00, l'heure pour nous de quitter l'hôpital. Mais avant, nous devons recevoir l'autorisation d'un anesthésiste. Après une longue attente, un jeune interne, la tête défaite arrive. Il s'adosse à la fenêtre, pied contre le mur et me demande si je vais bien.

— Oui, ça va.
— Vous avez mangé ?
— Oui, un peu.
— Vous avez pissé ?
Quelle question ! Je ne suis pas un chien ! Ai-je bien compris ou suis-je encore sous les effets des anesthésiants ?
— Heu, oui…
— Bon, vous pouvez y aller…
— Au revoir !

Mais d'où sort-il celui-là ? Deux hypothèses s'offrent à nous. Vu sa tête, soit il a été dérangé alors qu'il jouait au docteur avec une collègue, soit il faisait des essais de produits anesthésiants sur lui-même…

Nous rentrons chez nous. Je suis fatiguée mais je ne souffre pas. Tout va bien si ce n'est la crainte d'avoir fait tout ça pour rien, de ne pas avoir d'embryons mercredi. Je suis en arrêt pour 15 jours qui s'enchaîneront avec 15 jours de vacances. Je dois me reposer pour éviter toute complication.

Le mardi soir, en vue du transfert d'embryons, je dois faire un lavement avec un laxatif. Ce n'est pas très agréable. Je ne comprends pas bien à quoi ça sert mais sagement, je m'exécute. La bonne élève que j'ai toujours été fait tout bien comme on lui dit pour être sûre de réussir. Je dois commencer aussi à prendre des ovules vaginaux deux fois par jour. Ce sont les fameux « utrocrados » à la consistance d'une pâte à dents, surnom tout à fait explicite, donné par les femmes en traitement pour avoir un enfant qui tentent de se réconforter sur différents forums de la toile.

Toute cette préparation se fait dans le stress et l'attente du coup de fil de mercredi matin. Gautier a demandé un arrêt de travail à notre médecin traitant pour être là lors de l'éventuel transfert. De toute façon, sa présence est légalement nécessaire.

Le coup de fil tant attendu arrive enfin. C'est Gautier qui répond. Je tremble comme une feuille et j'ai du mal à respirer durant les quelques minutes que durera la conversation. Ouf, il y a des embryons ! Quel soulagement ! Je me sens comme une vedette de téléréalité. Après avoir craint d'être éliminée, j'apprends avec bonheur et soulagement que je peux continuer l'aventure.

Regonflés à bloc, nous nous rendons à l'hôpital pour 12 h 00 avec nos papiers d'identité. C'est à mon tour de trimbaler ma bouteille d'eau. Pour le transfert d'embryons, je dois avoir la vessie pleine. Pour être sûre qu'il en soit ainsi, je bois plus que de raison et par moment, je crains de finir comme la grenouille des fables de Lafontaine. Puisque nous étions seuls à la ponction du lundi et que dans notre centre les transferts se font toujours à J2 post ponction, nous sommes le seul couple à attendre un transfert d'embryons. Après un bon moment d'attente, le Professeur

Gomez nous reçoit. Il nous annonce qu'il y a deux embryons « parfaits » de quatre cellules, non fragmentés. C'est peu mais le biologiste se veut encore rassurant. On n'a pas la quantité mais la qualité est là. Et un embryon suffit pour faire un bébé.

Parfait ! Que demander de plus ! Ce n'est pas facile de visualiser et d'imaginer quelque chose d'aussi microscopique que des embryons mais avec ce « parfait », je les imagine aux courbes lisses, tracés au compas et d'une couleur pastel et uniforme. Parfait ! Nous sommes déjà si fiers de nos petits embryons.

Contrairement à ce qui était prévu au départ, on me transférera les deux embryons. Après un bref retour dans la salle d'attente, notre gynécologue, le docteur Variot, vient nous chercher. Avec ma vessie pleine, je commence sérieusement à trouver le temps long et la porte des toilettes me fait de l'œil… Je m'installe sur la table d'examen, avec les pieds dans les étriers. Je commence à avoir l'habitude de m'asseoir ainsi à chaque fois que j'ai un rendez-vous médical. Pourvu que je ne me méprenne pas la prochaine fois que j'irai chez le dentiste ! La sage-femme qui assiste la gynécologue met la sonde de l'appareil échographique sur mon ventre pour vérifier ma vessie.

« Elle est bien pleine ! »

Sans blague ! Moi je n'avais pas besoin d'une échographie pour le lui affirmer !

Après avoir préparé le terrain avec un spéculum, la gynécologue s'approche d'une petite fenêtre aux allures de passe-plat. De l'autre côté, c'est le laboratoire de biologie de la reproduction. Elle annonce à voix haute :
– Mme Maillet !
– Mme Maillet, deux embryons J2 de quatre cellules, lui répond une voix bien distincte de l'autre côté de l'ouverture.

Les procédures doivent être très strictes pour éviter un mélange d'embryons et de gamètes en général. C'est certainement aussi pour ça que la salle de transfert est collée au laboratoire pour éviter le transport des embryons d'une pièce à l'autre.

Après cet échange solennel, le docteur Variot revient avec une longue pipette dans laquelle elle nous montre deux petites gouttes d'eau. C'est assez étrange et surréaliste. Les embryons ont pris tellement de place dans nos vies qu'on avait oublié qu'ils étaient invisibles pour l'œil humain. Le transfert commence. Cette opération a l'air très délicate. Plus personne ne parle. On dirait que la gynécologue ne respire plus tellement ses gestes sont précis et directs.
J'ai peur de bouger. La position pieds dans les étriers n'est pas confortable et je crains d'avoir des tremblements ou des mouvements réflexes. Mais je gère. La sage-femme nous montre sur l'écran de l'appareil échographique, la pipette en train d'entrer dans mon utérus puis les deux

embryons qui sortent de la pipette en formant un petit nuage blanc.

C'est terminé. Ouf, ma vessie et moi avons tenu le coup ! Le docteur Variot me rajoute deux ovules de progestérone puis on m'allonge sur un lit à roulettes que je ne dois pas quitter pendant une demi-heure. Au bout de dix minutes, j'aurais quand même le droit de vider ma vessie. Mais malgré mon envie pressante, je me retiens. J'ai trop peur que mes embryons ne se sauvent si je me lève trop tôt ! On me donne une ordonnance pour les ovules « utrocrados », une autre ordonnance m'indique que je devrais faire une prise de sang quinze jours plus tard pour doser les béta-HCG, l'hormone qui indique la présence d'une grossesse. Enfin, en guise d'au revoir, la gynécologue et la sage-femme nous lancent un grand « bonne chance ».

Nous repartons de l'hôpital un peu bizarres, un peu confus. Il s'est passé tellement de choses et c'est tellement rien à la fois. J'ai deux embryons dans le ventre. Je ne suis pas enceinte pour autant, mais je peux potentiellement l'être et de jumeaux en plus. Ces germes de vie prennent tellement de place dans nos têtes que, dans mon imaginaire, ils sont gros comme des haricots alors qu'en réalité, ils sont totalement invisibles à l'œil nu.

Ça fait un mois que médecins, infirmières, biologistes, sages-femmes œuvrent main dans la main pour la fabrication de ces embryons et tout à coup, on me transmet ce trésor inestimable fabriqué par de grands scientifiques et je suis censée faire le reste. Tout le monde remballe son matériel, on me prescrit un « Bonne Chance ! » et voilà. Mais je ne sais pas comment on fait moi ! J'ai peur qu'ils tombent ces petits embryons qui envahissent toute ma tête. J'ai peur de ne pas savoir m'en occuper correctement.

En arrêt de travail pour éviter les risques post-ponction, je zone à la maison. Après quelques jours de fatigue, je suis en pleine forme mais je me traîne comme si j'étais malade. Je n'ose pas trop en faire de peur qu'une hyperstimulation se déclenche ou qu'un de mes ovaires bien gonflés se retourne.

Pour éviter les questions, je ne sors presque pas. Tout le monde connaît mes horaires de travail et je n'ai pas envie d'expliquer pourquoi je ne suis pas à l'école. La présence permanente de ma voiture devant la maison suscite déjà suffisamment d'interrogations de la part du voisinage…

Je m'observe sous toutes les coutures : seins, ventre, visage. Je ne manque pas de chercher une explication à chaque frémissement de ma peau, à chaque petite douleur jusqu'au bout des orteils. Mais je ne remarque rien. Impossible pour moi d'avoir le moindre indice sur le devenir des deux trésors qu'on m'a transférés.

Les vacances de printemps commencent avant la fin de mon arrêt de travail. Nous attendons, toujours fébriles. Gautier n'est pas aussi inquiet. Pour lui, c'est une première tentative. Il espère que ça va fonctionner mais sait que nous aurons la ressource pour continuer si jamais ce n'est pas le cas. Je dois faire ma prise de sang pour doser les Béta HCG mercredi. Nous sommes lundi mais déjà mon corps, par de petits signes qui ne trompent pas annonce un mauvais présage. Les larmes commencent à monter et je ne sais que penser. Non, ce ne sont pas encore de vraies règles. Mais les vraies règles commencent comme ça aussi. Oui, certaines femmes ont quelques petits saignements en début de grossesse.

J'aimerais me rassurer mais je n'ai pas un tempérament optimiste. J'ai toujours besoin de me protéger en imaginant la pire éventualité.

Nous avons une soirée d'anniversaire prévue. Nous décidons d'y aller malgré tout. Je passerai unc bonne partie de la soirée à faire des allers et venues aux toilettes sous le regard inquiet de Gautier pour constater que les pertes sont de plus en plus intenses. Boire de l'alcool pour commencer à noyer mon chagrin ou ne pas en boire car je suis peut-être enceinte ? Je suis perdue ! Je discute, je ris avec mes voisins de table. Je suis tombée à côté de bavards et tant mieux. Je n'aurais pas la force de faire les questions et les réponses. La soirée tourne autour des préparatifs de leur mariage et ça me va très bien ! Mais je me sens loin, très loin de cette soirée. Mon amie nous remercie d'être venus. Elle sait ce que nous vivons en ce moment et pensait même qu'on aurait décommandé. Je suis fière d'être là malgré tout et de continuer à vivre, tout au moins en apparence, car au fond de nous, c'est le chaos.

Le lendemain, le doute n'est plus permis. Les règles sont bel et bien là. Tout espoir disparaît et pourtant, demain, il faudra malgré tout aller au laboratoire pour faire un test de grossesse. C'est obligatoire. Le protocole est ainsi fait. Même si on n'attend plus rien de cette FIV, cette prise de sang qu'on nous impose est comme un dernier sursaut d'espoir : et si...? Et si... rien du tout. La prise de sang est faite dès le matin mais nous n'aurons les résultats qu'en fin d'après-midi. Attendre, encore attendre pour définitivement enterrer cette première tentative...

Négatif. Ce n'est bien sûr pas une surprise. Ça enfonce juste le clou. Je pleure, je pleure. Gautier est déçu mais confiant pour la suite. C'était un coup d'essai. Si on a droit à quatre FIV, c'est bien qu'il est considéré comme normal que ça ne fonctionne pas tout de suite !

Nous essayons d'occuper nos vacances. Nous partons quelques jours chez des amis.

— Tu as l'air en forme Lisa ! me lance Fanny.

— Même pas peur, même pas mal ! Il faut encaisser et repartir mais je dois t'avouer que ce n'est pas tous les jours facile.

— Et bien, ça ne se voit pas.

— Tant mieux, je préfère faire bonne figure. Avoir l'air heureux quand on ne l'est pas, c'est peut-être déjà un premier pas vers le bonheur…

Et effectivement, j'ai l'air de l'être heureuse. Il fait beau, c'est le printemps. Je bavarde, je ris, je profite de bons moments partagés avec ceux que j'aime mais au fond de moi, c'est une tout autre histoire : tout est gris. L'échec que nous venons de vivre me tire vers le fond. Je suis blessée et j'ai mal. Alors bien sûr, je continue à faire beaucoup de choses. J'occupe ma vie mais je ne vis plus. Juste, j'attends…

Je m'achète une bague dont je rêve depuis longtemps. Elle est chère mais nous n'avons pas besoin d'investir dans une poussette, alors profitons-en.

Il prend l'idée à Gautier d'agrandir sa salle de musique pour répéter avec son groupe et y installer de nouveaux instruments. Mais la place nous manque. Il me pousse alors jusqu'à ce que j'accepte l'idée de déménager, de vendre notre petite maison pour en acheter une autre dans laquelle il pourra installer un grand studio de musique. J'hésite, je freine des quatre fers. Je l'aime notre petite maison mais je sens que Gautier a besoin de ce projet pour continuer à avancer et faire des pieds de nez à tous ces obstacles qui se mettent en travers de notre chemin. Je me laisse convaincre. Notre maison est mise en vente en ligne et Gautier commence à éplucher les annonces et à visiter plein de nouveaux biens.

Chaque maison que nous allons voir est comme la promesse d'un avenir meilleur.

Depuis l'échec de la FIV, l'hôpital ne nous a pas recontactés. C'est la fin de l'année scolaire. J'appréhende les grandes vacances. L'oisiveté risque de me laisser trop de temps pour penser. Et quand le moral n'est pas bon, mieux vaut être occupé pour tenir à distance les idées déprimantes. Chaque jour, fébrile, je me dépêche de relever notre courrier. Le temps me paraît long depuis le mois d'avril. Enfin, la lettre tant attendue arrive. Impossible de douter de sa provenance. Sur l'enveloppe rectangulaire a été apposé un gros tampon bleu : Service de stérilité conjugale. Le secret médical à la française, quel bonheur ! Ils sont prévenants à l'hôpital. Ils devraient penser à fabriquer des badges et autres banderoles pour tous les stériles de France afin qu'ils soient bien identifiés et reconnaissables dans la rue. On ne sait jamais. La stérilité est peut-être contagieuse…

Je m'empresse d'ouvrir le courrier, le cœur battant, comme s'il allait m'annoncer la venue prochaine de notre bébé. Ce n'est évidemment pas le cas. Mme Irma n'en est pas l'expéditeur mais ce qu'il contient va nous relancer dans l'aventure et j'ai hâte.

« Madame, Monsieur, c'est avec regret que nous avons pris connaissance du résultat négatif du test de grossesse que vous avez réalisé au décours de votre première tentative blabla blabla… »

S'ensuit la proposition de refaire une tentative en septembre. Théoriquement, nous pourrions tenter plus tôt, mais le centre est fermé pendant les grandes vacances. On nous propose un autre produit pour la stimulation avec une plus faible dose pour éviter que cette fois mes ovaires réagissent trop vite. En août, je dois téléphoner le premier jour d'arrivée de mes règles afin de prendre rendez-vous avec une sage-femme pour cette deuxième tentative.

Je risque d'être arrêtée pour la rentrée ou juste après. Ça ne me réjouit guère mais tant pis, ma vie d'abord... Je ferai en sorte de préparer consciencieusement ma classe pour que les enfants soient le moins possible déstabilisés durant mon absence.

En attendant, nous profitons des vacances en bord de mer sur la Côte d'Azur avec des amis. Le programme farniente nous ravit : apéros, plage, piscine, balades, jeux de société, lecture... La maison que nous louons est une magnifique bâtisse à deux pas de la mer. Sa façade blanche aux volets vert amande ainsi que les tuiles canal de son toit nous charment. Son grand jardin à la végétation méditerranéenne est un vrai petit coin de paradis. Je prends plaisir à bouquiner, allongée sur un bain de soleil, à l'ombre d'un laurier rose au doux parfum ensoleillé. La maison est entretenue très régulièrement par une femme de ménage ainsi que par un jardinier qui nettoie également la piscine. Aucun d'entre nous n'est habitué à avoir du personnel à disposition et bien qu'un peu gênés de se détendre pendant que d'autres travaillent, nous prenons plaisir à mener la vie de château. Je me laisse donc aller à savourer ce séjour agréable en mode « dolce vita » en faisant des réserves de vitamines D et de fous rires. Mais au fond de moi, le gris est toujours là en filigrane, je me sens lestée par la tristesse. Ma vie ne se conjugue plus au présent mais se déroule toujours dans l'attente anxieuse de la prochaine étape pour avoir un bébé. Cet été là, nous attendons la deuxième FIV. Chaque moment, même le plus agréable est désormais juste bon à faire passer le temps un peu plus vite, rien de plus.

Fin août, le soleil est encore de la partie mais les vacances semblent déjà loin. J'ai repris le chemin de l'école où je prépare consciencieusement ma rentrée. J'aime l'atmosphère qui règne dans les classes juste avant que les enfants n'arrivent. Le grand ménage a été fait. Tout est propre et l'odeur citronnée des produits ménagers se mêle au parfum des cahiers neufs dont je prépare l'en-tête. Je ne connais pas encore mes nouveaux élèves mais après avoir écrit leur prénom des dizaines de fois sur divers supports, je suis capable de réciter la liste de classe sans en oublier un seul. Ils me sont déjà familiers. Je me doute que cette nouvelle année sera riche comme toujours en projets, en petites victoires, mais aussi source de nombreuses désillusions. L'égalité des chances est un beau discours qui ne se vérifie malheureusement que trop rarement sur les bancs de l'école.

Mais cette rentrée sera un petit peu différente des autres car cette année, elle se conjugue pour moi avec la reprise des traitements. Nous voilà en chemin vers la deuxième FIV. Cette fois, c'est avec une grande fierté que je me pique toute seule. C'est beaucoup plus pratique car l'heure de la piqûre est précise et ce n'est pas toujours facile pour Gautier, moi, le frigo et la seringue d'être au même endroit au bon moment. J'appréhende un peu cette première injection. Un bout de peau pincé entre deux doigts, je plante d'un coup sec l'aiguille dans mon ventre. La manœuvre est un peu brusque mais efficace. Au fur et à mesure, j'apprendrais à me piquer avec de plus en plus de douceur.

L'épluchage intensif des petites annonces sur internet a fini par payer. Nous avons trouvé une maison qui nous plaît. En vieilles pierres, elle a beaucoup de charme et une grange attenante permettra à Gautier de créer un studio de musique. Elle a aussi plusieurs chambres et comme nous espérons un jour avoir un enfant, c'est parfait. Le compromis vient d'être signé et nous sommes dans les papiers pour le prêt. Le hic, c'est que notre maison n'est toujours pas vendue et que les visites sont rares et peu concluantes. Cette situation est un peu stressante mais tout ce cheminement vers une nouvelle vie est bien agréable ma foi. Alors profitons !

C'est le grand jour, la cour de l'école se remplit de parents et d'enfants. Les visages sont bronzés. Toutefois beaucoup ont l'air fatigué. L'anxiété se lit sur leurs traits tout comme la mauvaise nuit qu'ils viennent certainement de passer. J'essaye de mettre en place rapidement une organisation efficace pour ma classe de CP-CE1 car je sais que je serai bientôt en arrêt et je tiens à ce que la jonction avec mon remplaçant ou ma remplaçante se passe au mieux... Les réunions de début d'année s'enchaînent et parfois, je dois faire ma piqûre à l'école. Je stocke le produit dans le frigo et le soir, entre la sortie des élèves et la réunion, je m'enferme dans ma classe, rideaux tirés pour me piquer. J'ai l'impression de m'injecter ma dose en secret et en toute illégalité ! Si seulement, ça me faisait planer...

Un vendredi soir, vers 20 h 00, à la sortie d'une réunion, je me dirige vers la cuisine de l'école pour récupérer mon traitement qui se trouve dans le frigo mais les dames de service sont parties et la porte de la cuisine est fermée. Je me dirige vers le clou où se trouve normalement la clé. Malheur ! Elle n'est pas là. Panique à bord. J'appelle une des dames chez elle. Pas de réponse ! Comment vais-je faire ? Je retourne vers la cuisine, et m'approche de la fenêtre. Celle-ci est tellement vieille et mal entretenue qu'elle ne ferme plus. Hourra ! Je grimpe sur le parapet pour entrer dans la cuisine. Pourvu qu'aucun élève ni parent d'élève ne passe devant la cour à ce moment là ! Ouf, je récupère ma petite trousse d'infirmière, saute par la fenêtre et rentre chez moi telle une voleuse...

Le 15 septembre, comme tous les midis, j'allume la radio en corrigeant mes cahiers. Mais ce jour-là, le monde journalistique est en pleine ébullition.

« Coup de tonnerre aux Etats-Unis ! La banque Lehman Brothers est en faillite. Tous les fonds d'investissement craignant d'autres faillites viennent retirer leurs fonds des autres banques et c'est un véritable séisme qui secoue Wall Street. » explique la journaliste du flash info de France Inter.

Je suis sidérée : le monde de la finance est en train de connaître son plus gros crack. Ce n'est pas possible ! Nous ne pouvons pas faire un prêt relais maintenant. Acheter une maison, c'est bien mais nous devons aussi absolument vendre la nôtre. Avec une telle annonce, toute l'économie va être au point mort pendant un temps. Dans de telles situations, les gens deviennent frileux !
J'appelle Gautier, paniquée.
— Mon chéri, tu as entendu les infos ?
— Non, qu'est-ce qu'il se passe ?
— Une grosse banque américaine est en train de faire faillite et apparemment, ce ne sera pas la seule. Un tel truc n'est jamais arrivé. Le monde de la finance est sous le choc. On ne peut pas faire un prêt relais pour notre maison maintenant. Avec une histoire pareille, tout le monde va flipper et il ne va plus rien se passer…
— Tu veux qu'on annule l'achat ?
— Je n'en ai pas envie mais ce serait de la folie de continuer avec ce qui se trame…

— Tu as raison. Mieux vaut être prudent…

On décide en trente secondes de tout annuler. A quelques jours près, ce n'était plus possible. C'est avec regret que nous abandonnons ce projet de maison pour laquelle j'avais eu un gros coup de cœur. Les semaines et les mois qui suivent me donneront cependant raison. La crise financière entraîne de nombreuses faillites personnelles à travers le monde. Les émissions de télé ne cessent de faire des reportages sur des personnes qui se sont engagées dans des prêts relais et se retrouvent le bec dans l'eau. Nous décidons donc de vendre d'abord notre maison puis de prendre une location le temps de retrouver un autre bien. C'est plus d'embêtements matériels mais moins de stress ! Niveau stress, nous avons déjà notre dose avec l'assistance médicale à la procréation. Ce n'est pas la peine d'en rajouter inutilement.

La semaine suivante, c'est parti pour la ponction de la deuxième FIV. Ce mardi là, nous sommes cinq couples à venir à l'hôpital pour fabriquer un bébé éprouvette. Je passerai en deuxième position. Je suis installée dans une chambre avec une femme, certainement d'origine indienne qui ne parle pas du tout français. La communication est donc limitée entre nous. Elle l'est aussi pour elle et le personnel soignant. Elle dit oui à tout en souriant mais semble ne rien comprendre. Je suis admirative car les différentes étapes sont tellement compliquées à suivre que je ne m'imaginerais pas faire tout ça sans rien comprendre à la langue des blouses blanches.

Je suis moins tendue que la première fois. Je prends ma prémédication. Gautier part pour son recueil et des brancardiers viennent me chercher pour m'emmener au bloc. Après l'intervention, je me réveille dans la salle pleine de patientes plus ou moins conscientes. Une d'entre elles demande si on lui a finalement enlevé l'utérus ou non. L'infirmière à ses côtés répond par l'affirmative. Je frémis... pourvu qu'ils aient bien lu mon nom inscrit sur le bracelet en plastique et qu'ils ne m'aient pas confondu avec cette patiente !

Après quelques heures, on me ramène dans la chambre où Gautier m'attend, soulagé de me voir arriver souriante et les yeux grands ouverts. Je me repose tantôt somnolant, tantôt feuilletant un magazine. Ma voisine, elle, dormira toute la journée. On m'apporte un plateau repas avec des coquillettes sans sel, ni sauce, ni beurre. Je les mange à petits coups de fourchette. On attend durant une bonne partie de l'après-midi le bilan de la récolte et la visite de l'anesthésiste pour ma sortie. L'infirmière arrive et nous annonce que 8 ovocytes ont été micro-injectés. Maintenant, il va falloir attendre deux jours. Ceci dit, nous sommes plus confiants que pour la première FIV puisque tous les ovocytes utilisés pour la FIV sont cette fois matures. C'est de bon augure.

Nous repartons souriants avec mon arrêt de travail pour quinze jours. Jeudi matin, la secrétaire nous appelle pour nous signifier qu'il y a des embryons et qu'on nous attend à midi à la maternité pour le transfert, vessie pleine.

Le professeur Gomez nous annonce que cette FIV a produit quatre embryons « parfaits ». Nous commençons à prendre de la distance avec ce mot magique. Parfait ne veut pas dire bébé. Nous avons vécu un échec de FIV avec des embryons parfaits. Enfin, c'est toujours plus encourageant que la mention « médiocre » ou « passable ». Deux de ces embryons me seront transférés quelques minutes plus tard et les deux autres seront congelés.

L'attente s'avère de nouveau pénible. Les quinze jours qui séparent la FIV du résultat sont un moment hors du temps et de la vie. Un moment suspendu où on retient son souffle prêt à traquer le moindre symptôme. Nous partons malgré tout en week-end pour assister à la soutenance de thèse d'une amie, en train, bien sûr, car je crains que la voiture soit mauvaise pour les embryons ! Nous passons un bon moment mais quand tout le monde part danser, nous allons nous coucher. Je ne suis pas malade mais je prends des traitements et je suis en arrêt. Je ne suis pas enceinte mais pas de champagne pour moi... Tout ça est déroutant.

Nous rentrons à la maison. Le dimanche mon ventre est bien gonflé. Je suis persuadée qu'il s'agit d'un symptôme ! Je suis toute heureuse, presque certaine d'être enceinte. La prise de sang doit avoir lieu jeudi et je reprends le travail le lundi. Ma journée est entrecoupée par mes multiples pauses pipi. Je n'ai pas plus envie d'aller aux toilettes que d'habitude mais je traque la moindre petite perte. J'entre dans les WC, à chaque fois tremblante et je ressors souriante.

Lundi, tout va bien ! Mardi, tout va bien ! Pour la première FIV, c'était déjà cuit au même moment. On y croit, on y croit ! Dans la nuit de mardi à mercredi, je ressens de violents maux de ventre. Ça dure un quart d'heure puis plus rien. Je m'inquiète beaucoup mais l'espoir est toujours permis. Mercredi matin, je me lève tôt pour aller à une conférence dans le cadre de mon travail. Au petit déjeuner, tout va bien. Je serais presque confiante mais juste avant de partir, encore une fois, les choses se gâtent. Mon cœur chavire.

Je me rends à ma réunion, dis bonjour aux collègues comme si tout allait pour le mieux. Je suis sonnée mais je ne peux pas pleurer. Je suis au travail et je dois retenir mes larmes coûte que coûte. La matinée se passe. Je suis là physiquement mais mon esprit est bien loin. Je fais bonne figure mais je suis bouleversée à l'intérieur. J'ai mal et je sais que je vais faire mal à mon homme en lui annonçant la nouvelle. J'ai beau savoir que je n'y suis pour rien, je me sens malgré tout responsable de cet échec. On m'a confié deux embryons parfaits et je ne suis pas fichue de les garder accrochés. Avant d'en être une, je suis déjà une mauvaise mère.

À midi, je rentre à la maison. Je suis seule et je peux enfin laisser mes larmes couler. Le lendemain, c'est la prise de sang. Ultime humiliation. Faire un test de grossesse en pleines menstruations est le douloureux privilège des jeunes femmes en AMP. C'est comme un clou qu'on enfonce là où ça fait déjà bien mal.

Il nous reste deux embryons congelés. Maigre consolation d'autant que les chances de réussite avec des embryons congelés sont moins importantes qu'avec des frais...

Les vacances d'automne arrivent. Nous décidons de partir quelques jours en thalasso dans le Jura pour couper avec notre quotidien qui nous fait de plus en plus horreur. Les enveloppements de boue, les douches au jet, les bains d'eau salée nous détendent. Gautier se régale dans le sauna. Je l'accompagne mais je suis incapable d'y rester aussi longtemps que lui. Quand il en ressort, des stries rouges sur sa peau lui donne une allure de steak cuit sur un grill. Je souris. Notre petite chambre d'hôtel est ravissante. Le mobilier est en bois massif et la décoration est simple mais harmonieuse. J'aime ce côté authentique. Nous allons rarement à l'hôtel et quand cela nous arrive, c'est généralement dans des chaînes bas de gamme situées dans les zones commerciales des grandes villes. Nous sommes donc enchantés par notre lieu d'hébergement.

Hélas, si nous passons un bon moment, le cœur n'y est pas. Nous sommes toujours aussi amoureux et bien ensemble mais nos tête-à-tête sont devenus douloureux. Gautier est le miroir de ma souffrance et je suis le reflet de la sienne. A la fin de notre séjour, mon frère et ma belle sœur nous rejoignent. Nous visitons des salines et mangeons un morceau dans un petit routier. On ne peut pas faire plus authentique : les nappes sont à carreaux rouge et blanc, les serviettes en tissus et on nous sert le vin dans un pichet en grès d'époque. La blanquette est savoureuse et copieuse. Nous nous régalons et nous nous détendons bien plus que lors de nos soins en thalasso. C'est finalement plus agréable pour nous d'être avec d'autres personnes plutôt que de rester face à face, avec pour seule compagnie, notre douleur.

Après cette parenthèse Jurassienne, nous retrouvons notre maison et surtout notre boîte aux lettres. Entre deux factures que je ne prendrais même pas le temps d'ouvrir, un courrier de la maternité nous attend : « C'est avec regret que blabla blabla... toutefois, votre couple disposant de deux embryons congelés, nous vous proposons de réaliser un cycle de transfert embryonnaire... sur le cycle de janvier ».

Le centre étant fermé pendant les fêtes, je ne peux commencer les traitements qu'à partir du 29 décembre. C'est parfait, mes règles doivent arriver début janvier. Mais le jour de Noël, entre le foie gras et le poisson, les vilaines débarquent ! Joyeux Noël ! Un mois de plus à attendre pour le transfert d'embryons congelés ! Tant pis, on profitera des vacances sans traitement, maigre consolation mais consolation tout de même... Le repas se poursuit tranquillement et tant mieux car les fêtes de fin d'année deviennent pour moi de plus en plus pesantes. C'était sans compter sur une altercation entre ma belle-mère et sa sœur concernant de nombreux sujets et notamment notre stérilité qui d'après cette dernière n'est « qu'un petit détail pas bien grave ». Mon cœur et ma gorge se serrent. J'ai beau lutter, les larmes montent. Je me réfugie dehors avec une cigarette. Gautier déteste ça. J'ai un peu fumé pendant ma jeunesse mais depuis longtemps, avant même notre rencontre, je n'avais plus touché au tabac. Aujourd'hui, c'est devenu ma soupape de sécurité. Je fais ma parfaite élève en tout : j'applique les traitements à la lettre, je supporte sans broncher l'intrusion incessante du médical dans ma vie de femme mais parfois, j'ai besoin de souffler, de vraiment souffler, d'être moins parfaite et je le fais avec une canette de bière et une cigarette...

Noël se termine enfin dans une ambiance peu festive pour Gautier et moi et ma décision est prise : désormais les fêtes de familles devront se passer de ma présence. Cette décision prise sans concertation avec ma moitié sera dure à vivre pour lui. Je culpabilise mais je n'ai pas le choix. Je dois me protéger et garder des forces pour continuer le combat.

La stérilité est difficile à vivre en soi mais l'incompréhension autour ne fait que compliquer les choses. Gautier, plus philosophe que moi est convaincu que les seules personnes qui nous comprennent sont celles qui ont vécu une histoire similaire et encore, chaque parcours est tellement différent... Nos parents, nos amis ont beau nous aimer, ils ne savent pas et ne sauront jamais. Gautier peste souvent contre mon obstination à vouloir expliquer et faire comprendre. Il me compare à Don Quichotte face à ses moulins à vent et je pense que ça lui fait mal de me voir m'acharner ainsi en vain.

— Ma chérie, tu devrais aller causer sur des forums avec d'autres filles qui font des FIV.

— Mais je ne sais pas faire et je n'ose pas.

— Essaye, tu ne risques rien derrière un pseudo. C'est tout bénef ! Si ça ne te convient pas, tu éteins l'ordi sans avoir à te justifier…

— Tu as raison, je vais tenter.

Et c'est ainsi que je commence à dialoguer avec d'autres filles sur des forums concernant l'infertilité et la stérilité. Je me lance sur un forum regroupant des jeunes femmes qui font des FIV comme nous. Ce sera de belles rencontres. Elles sont une vingtaine à échanger régulièrement. J'ai d'abord un peu de mal à m'intégrer car ça fait beaucoup d'histoires à retenir puis peu à peu je prends ma place parmi elles, quotidiennement. C'est par écrans interposés mais nous sommes très proches quand même. Nous partageons nos expériences de traitements et de FIV mais aussi notre quotidien douloureux de femmes sans enfant parfois enviées par des mères geignardes qui nous trouvent tellement chanceuses de pouvoir aller au cinéma quand on veut !

Les filles du forum deviennent ma bouée. Celles qui savent ce que je ressens pendant les 15 jours d'attente post FIV, celles qui savent à quel point les échecs sont douloureux et à quel point c'est dur de recommencer à chaque fois un protocole qui nous a laissé un souvenir amer. Et nous partageons aussi de belles victoires. Aujourd'hui, après cinq inséminations artificielles, trois FIV, deux grossesses extra-utérines qui ont entraîné l'ablation de ses deux trompes de Fallope, Lilouna36 (c'est son pseudo) vient de monter dans le « train de l'espoir » comme nous l'appelons. Elle est enceinte et espère cette fois mener sa grossesse au bout. Je pleure de joie pour cette copinaute qui a beaucoup souffert pour enfin atteindre la victoire. Mes larmes sont aussi de tristesse. Je n'ai toujours pas trouvé mon wagon. Et y aura-t-il une place pour moi, un jour, dans ce train ?

2009

J'envoie un dernier message à mes copinautes pour leur souhaiter de passer un beau jour de l'an et une merveilleuse année avec en perspective, un ventre tout rond. Puis nous partons pour la semaine de la Saint-Sylvestre, avec des copains, dans un gîte au milieu de nulle part, dans le Morvan. Il n'y a qu'un seul chemin possible pour accéder au village. Au début de la route trône un panneau « sans issue », comme la promesse que nous allons bien en direction du bout du monde. Nous découvrons une charmante maison de pierre. L'intérieur semble ne pas avoir bougé depuis le début du XXe siècle. C'est un véritable musée. Sur un vaisselier d'époque sont alignées de vieilles assiettes en porcelaine représentant des scènes champêtres. Dans un coin du salon, un imposant gramophone en état de marche nous charme par ses mélodies éraillées. A l'étage, dans une des chambres, une lunette astronomique en bois est pointée en direction du ciel. Nous tenterons en vain de nous en servir, la brume est persistante en cette fin d'année et les températures sont polaires. Nous sortons peu mais le cadre est idéal pour s'adonner à un de nos passe-temps favori, les jeux de société, en grignotant des châtaignes. Nous les faisons griller dans l'immense cheminée. Je ne suis pas sûre d'aimer vraiment en manger et puis ça brûle le bout des doigts quand on les décortique. Mais cuites au feu de bois, elles exhalent un parfum des plus appétissants. Ce séjour est un vrai moment de plaisir que nous savourons. « C'est quand même le pied des vacances comme ça » me lance Gautier un soir en se mettant au lit.

C'est vrai que nous passons un super moment et ce genre de vacances ne pourrait pas se faire avec des enfants donc profitons un peu des quelques bénéfices que nous donne notre impossibilité à procréer.

Il est minuit. Tout le monde s'embrasse. Gautier me serre très fort dans ses bras et me murmure à l'oreille :

— 2009 sera notre année avec une nouvelle maison et un bébé.

— J'espère mon chéri. Je te souhaite aussi une merveilleuse année.

Je ne prononce cependant plus le mot « bébé » qui prend peu à peu pour moi des allures de rêve inaccessible qu'on serait bien présomptueux de vouloir réaliser.

A la fin du mois de janvier, je commence le traitement en vue de notre petite virée sur la banquise : nos deux embryons congelés nous attendent pour un transfert très prochain. Je suis inquiète car j'ai prévu une sortie avec mes élèves dans un musée d'art moderne et je risque d'être absente ce jour-là. Une de mes collègues se propose d'assurer la sortie à ma place si nécessaire mais un appel de la secrétaire de la circonscription lui indique qu'elle sera inspectée ce jour-là... Nous aviserons le moment venu. Comme le dit si bien l'adage : « les cimetières sont remplis de gens irremplaçables ». Alors, j'essaie de me rassurer : ils devraient bien pouvoir se débrouiller une petite journée sans moi...

Le traitement est beaucoup plus court et moins lourd que pour une FIV. Je ne dois pas me faire de piqûres cette fois-ci (à part pour les prises de sang bien sûr). Je dois prendre seulement des cachets puis ensuite des ovules vaginaux. Je parle aux sages-femmes de mon inquiétude par rapport à ma sortie scolaire. On devrait pouvoir s'arranger m'affirme l'une d'entre elle. Le traitement est plus simple a priori, ce qui ne m'empêche pas de faire une erreur. J'ai reçu le coup de téléphone qui m'indique la marche à suivre en pleine classe et il se trouve que, entre Dylan et son lancinant et répétitif « maîtreeeesssse, maîtreeeesssse » et Léa se balançant dangereusement sur deux pieds de sa chaise, je n'ai pas pu me concentrer suffisamment et de ce fait, j'ai mal compris une information. Je culpabilise et je panique. J'ai encore cette maudite impression que tout m'est servi sur un plateau et que je fais tout rater. Heureusement, on peut arranger le coup. Le transfert aura lieu jeudi. Ouf ! Je téléphone à Gautier. Sa présence est obligatoire lors du transfert des embryons. Il prend donc rendez-vous avec notre généraliste pour demander un arrêt et moi je préviens mon inspection de mon absence, annonçant qu'un justificatif arrivera bientôt.

Les embryons vont-ils résister à la décongélation ? Rien n'est moins sûr. Il arrive souvent que les cellules se lysent et meurent. Peut-être qu'arrivés à l'hôpital, on nous annoncera une mauvaise nouvelle : que les deux embryons sont fichus. Nous parlons peu durant le trajet en voiture. Nous connaissons le chemin par cœur mais aujourd'hui, il semble bien plus long qu'à l'ordinaire.

Après un bref passage dans la salle d'attente, une assistante du professeur Gomez, le biologiste, nous reçoit dans son bureau. Nous la saluons comme il se doit puis nous nous taisons, nos regards suspendus à ses lèvres, attendant qu'elle engage d'elle même la conversation. Quelques secondes plus tard, elle lâche enfin :

— Tout va bien Messieurs Dames. Les embryons sont aussi beaux que lors de leur congélation. Ils sont toujours parfaits.

Ouf ! Première victoire ! Nous sommes tout sourire… nous ne repartirons pas bredouilles.

Une dizaine de minutes plus tard, on nous installe dans la salle des transferts. Les deux embryons jusque là conservés à -196 °C sont délicatement installés par la gynécologue au creux de moi, à une température presque caniculaire de 37 °C. Vont-ils supporter ce choc thermique ? Je suis dubitative mais une démonstration empirique vient me réconforter. De nombreux enfants ont été des embryons décongelés avant de devenir des petits d'homme donc ce changement de température doit être supportable.

Dans la salle de repos où je dois patienter allongée pendant trente minutes, je lis le compte-rendu du voyage de mes embryons de leur congélateur jusqu'à leur matrice. Toujours aussi bonne élève, la feuille A4 qu'on vient de me donner indique que la qualité du transfert est excellente. La tête remplie de « parfaits » et d'« excellents », nous repartons regonflés à bloc.

Une petite nuit de repos et le lendemain je retrouve mes élèves pour notre sortie au Musée d'Art Moderne. Il fait très froid en ce début février. Les températures frôlent les – 10 °C. Mes élèves et moi-même sommes de vrais glaçons. La journée se passe bien même si ma tête est un peu ailleurs, occupée à prendre soin du trésor que mon corps cache depuis hier. Je rentre chez moi éreintée et gelée. Je ne me sens pas très bien. J'ai mal à la tête et un peu de fièvre. Une tisane chaude n'y change rien. Je commence à angoisser. Je sais que la fièvre n'est pas du tout de bon augure pour la nidation des embryons. Espérons qu'elle ne monte pas trop. Je suis rarement malade. Ce serait tellement injuste de subir un nouvel échec à cause d'une mauvaise grippe.

Après une bonne nuit de sommeil, je me sens mieux et nous passons un week-end tranquille avec, au programme, un repas entre amis. Je me contente d'un jus de fruit à l'apéritif comme une future mère le ferait. Je me sens un peu présomptueuse de me comporter en femme enceinte alors que je ne le suis pas encore et ne le serai peut-être jamais. Mais je ne peux pas ignorer la présence au creux de moi de mes deux petits embryons que j'ai vu de mes propres yeux.

Le dimanche soir, je pense être prête à réattaquer la semaine mais le lundi matin, à nouveau, je ne me sens pas très bien. Je fais ma matinée en classe tant bien que mal avec mes élèves puis à midi, je vais voir mon médecin qui m'arrête toute la semaine. Je tousse à m'en décrocher les organes comme ça ne m'est jamais arrivé. Je passe plusieurs jours entiers au lit, complètement amorphe bien que n'ayant pas de fièvre. Je n'ai jamais autant toussé de ma vie. C'est fichu ! Les embryons ne peuvent pas s'accrocher ! Des quintes de toux secouent tout mon corps et je perds peu à peu confiance. J'émerge doucement le week-end suivant.

Depuis le transfert, j'ai les seins un peu sensibles. Cela ne m'était jamais arrivé. J'aimerais que ce soit un signe de grossesse même si je n'y crois pas trop. Sur les notices des traitements que je prends quotidiennement, il est clairement indiqué que « les tensions mammaires » font parties des effets secondaires, alors, ça doit être ça, rien de plus…

Nous sommes samedi et il va falloir attendre encore jusqu'à jeudi pour faire la prise de sang « test de grossesse » obligatoire. Je suis en vacances. Je vais pouvoir passer ma vie aux toilettes pour prendre des nouvelles de ce qui se passe à l'intérieur et laisser libre court à cette manie qui deviendra petit à petit un vrai trouble obsessionnel compulsif. Je déteste gâcher mon temps à ça mais je suis bien incapable de faire autre chose de ma vie dans ce moment hors du temps.

Un coup de téléphone vient toutefois me distraire : Julia, une amie, est enceinte. Elle est toute heureuse de me l'apprendre. Elle connaît notre situation mais ne semble pas du tout imaginer que cette nouvelle puisse être difficile à digérer pour moi. Les hormones doivent lui faire tourner la tête... Son enthousiasme vient s'écraser sur la froideur avec laquelle je la reçois. Parfois, je peux composer un visage ou un discours chaleureux face aux « bonnes nouvelles » mais quand je porte des embryons, des minis bébés et qu'on ne peut pas pour autant me classer dans la catégorie « enceinte », je ne suis même plus capable de jouer la comédie.

Heureusement, une énième visite de notre maison vient nous réjouir. Un couple, accompagné de leur petite fille demande à la revoir. A l'issue de cette seconde visite, ils nous font une proposition pour l'acquisition de notre bien. La négociation se fait et nous prenons rendez-vous pour la signature d'un compromis en fin de semaine. La perspective d'un déménagement et d'un changement de cap vient faire diversion et nous fait le plus grand bien. Espérons que les acquéreurs ne changent pas d'avis. Ils n'arrêtent pas de se prendre la tête devant nous au sujet de leur fille. Pourvu que leur mariage tienne jusqu'à la vente !

Lundi, pas de règles. Mardi, pas de règles, mercredi, toujours rien, jeudi non plus. Je pars faire ma prise de sang sans menstruation, ce qui ne s'était jamais produit auparavant. C'est peut-être bon signe mais en même temps, c'est la première fois que j'ai ce traitement pour un transfert d'embryons congelés. Ce procédé est très différent des traitements pour les FIV, donc je n'ai pas de point de comparaison.

A 15h00, ce 26 février, nous pourrons téléphoner pour les résultats. Je passe la journée allongée à attendre, incapable de faire quoi que ce soit. Je ne lis pas, je ne regarde même pas la télé, je ne prépare pas à manger, rien. Je suis en boule sur mon lit, les yeux ouverts, fixés sur le réveil qui égraine les minutes plus lentement que jamais.

Enfin, il est 15h00. Incapable de prendre le téléphone et d'appeler, c'est Gautier qui s'en charge pendant que je reste allongée sur mon lit,

les oreilles bouchées et la tête dans l'oreiller. Mon cœur bat à 100 à l'heure et je tremble comme une feuille. J'entends des pas rapides dans l'escalier. Gautier monte en courant :
— Ça a marché, tu es enceinte ! murmure-t-il en me serrant tout tremblant dans ses bras.
— Vraiment, c'est vrai, tu es sûr ?
— Oui, certain !

Je suis complètement sonnée, bouleversée par cette extraordinaire nouvelle. Je n'en reviens pas. Ça y est, on a réussi ! On est guéri de l'infertilité et une nouvelle vie commence. Nous récupérons les résultats écrits le soir même : dosage de la Beta HCG PLASMATIQUE : 492 UI/l. Je file sur internet pour partager cette nouvelle avec mes copinautes et aussi pour vérifier que c'est un très beau taux.

On va annoncer la nouvelle successivement à nos parents qui sont très émus puis je téléphone à mes grands-parents. Nous informons toutes les personnes au courant de nos démarches mais la nouvelle de ma grossesse restera pour l'instant secrète pour les autres. Au travail, je n'en parle pas. Il est trop tôt pour se réjouir.

Je dois continuer le traitement et les prises de sang pour voir si le taux d'hormones de grossesse monte bien et rendez-vous est pris pour une première échographie le vendredi 20 mars. Chaque prise de sang est une nouvelle angoisse à l'ouverture de l'enveloppe. Le taux doit doubler toutes les 24 heures. Je fais une prise de sang toutes les 48 heures. D'habitude peu douée en calcul mental, je suis plutôt rapide pour évaluer l'ordre de grandeur de mes résultats. Au bout de quatre prises de sang parfaites avec un magnifique taux à 20 010 UI/ l, nous n'avons plus qu'à attendre l'échographie. Nous savons que le risque de fausse couche est très présent au cours du premier trimestre donc nous restons assez méfiants mais le résultat est bel et bien là : je suis enceinte, enceinte, EN-CEINTE… ! Je répète ce mot que j'ai du mal à intégrer tant c'est difficile de réaliser que ce doux rêve est en train de devenir réalité.

Des petits écœurements et aigreurs d'estomac arrivent, je suis trop heureuse de tous ces petits signes, discrets certes, mais bien présents quand même. Pourtant, cette grossesse reste totalement abstraite pour le moment. Je regarde mon ventre chaque jour mais il n'y a rien à voir. Je suis impatiente d'avoir des preuves de mon état.

Je prends la vie tranquillement, je fais attention à ce que je mange car je ne suis pas immunisée contre la toxoplasmose. Cette infection est bénigne en général mais elle peut être très risquée pour le fœtus et je suis bien déterminée à ne prendre aucun risque. Le 20 mars arrive. A l'échographie, nous voyons un petit sac contenant un espèce de clignotant. C'est le petit cœur de l'embryon qui bat. Tout va bien.

— Où souhaitez-vous accoucher ? » me demande la sage-femme.

« Accoucher ? » ça me paraît tellement loin... Je ne sais pas trop quoi lui répondre.
— Ici, avec vous ! j'affirme sans même avoir pris le temps de réfléchir.

La vie continue et les traitements aussi en attendant le 28 avril, date de la première échographie officielle, celle des 12 semaines d'aménorrhée. Notre maison est sur le point d'être vendue donc pendant ce temps, qui me semble toutefois infiniment long, nous préparons notre déménagement : je remplis des cartons, organise la résiliation des abonnements et les changements d'adresse. Nous avons trouvé un grand appartement où loger provisoirement en attendant d'acheter une nouvelle maison. Il ne nous plaît pas mais sa configuration est pratique et il est juste à côté de l'école, ce qui nous permettra aussi de vendre sans soucis une de nos voitures sans devoir nous précipiter pour l'achat de la nouvelle. De toute façon, nous ne comptons y rester que très peu de temps. Tout se déroule parfaitement bien.

Je range mes vêtements dans les cartons. Les pantalons étroits iront dans un que l'on n'ouvrira qu'au prochain déménagement car ça commence à serrer un peu à la taille et les habits plus larges dans des sacs qu'on déballera tout de suite. Il en est de même pour mes affaires d'école. Je garde accessible tout ce dont j'ai besoin pour finir l'année scolaire, et comme je ne reprendrai pas après les grandes vacances, le reste est classé dans des cartons scotchés pour quelques temps.

Le déménagement est fait en une matinée, sous le soleil et dans une ambiance très agréable. De nombreuses mains sont venues nous aider. Les pizzas ne sont pas bonnes mais une bonne bière fait passer le tout. Mon amie Julia qui commence à s'arrondir me tient compagnie pendant que les hommes s'affairent.

Mardi 28, le jour de l'échographie est enfin arrivé. Nous avons rendez-vous à midi puis nous avons prévu de nous balader avant d'aller le soir au restaurant avec des amis. C'est un grand jour pour nous. Après ce rendez-vous, je pourrai enfin révéler ma grossesse à tous. Je suis impatiente.

Nous nous dirigeons vers la maternité sous un soleil radieux. Je suis très anxieuse et cela depuis quelques semaines. Je me sens à fleur de peau. Je suis convaincue que les hormones n'y sont pas pour rien...

Après un temps d'attente raisonnable, on vient nous chercher dans la salle d'attente. Nous entrons dans une pièce sombre. A côté de la table d'examen est posé un ordinateur ainsi que les sondes d'échographie. Accroché en hauteur sur le mur opposé se trouve un autre écran. J'imagine qu'il est destiné aux futurs parents afin qu'ils puissent admirer en direct les galipettes de leur bébé. J'ai hâte. La gynécologue qui doit m'ausculter m'indique une chaise où poser mes affaires.

— Enlevez votre pantalon et installez- vous .

Gautier est à côté de moi, pressé de voir ce qui se passe dans mon ventre.

Le médecin m'explique que cette échographie sert à diagnostiquer tout un tas de problèmes sur le fœtus comme la trisomie 21 et bien d'autres malformations ... Toutes ces informations me mettent particulièrement mal à l'aise.

L'explication passée, elle m'enduit le ventre de gel puis pose la sonde. Nous distinguons une petite tête mais la gynécologue ne dit rien et semble chercher quelque chose. Au bout de quelques secondes interminables, elle ouvre enfin la bouche :

— Je suis embêtée, je ne vois pas d'activité cardiaque.

Silence, lourd et pesant.

Je ne réagis pas. Gautier pâlit et se trouve mal. Il va s'asseoir sur une chaise pour retrouver ses esprits. Une larme coule sur son visage. Je ne dis rien, je ne pense rien. Je suis dans une espèce de nébuleuse à des kilomètres de la terre. Je suis partie très loin et je mettrai des mois à revenir. Ce 28 avril 2009, le temps s'est arrêté.

Et pourtant, je dois continuer à être lucide et efficace. Ce petit embryon de 17mm est bien accroché mais il va falloir le retirer. Je prends Gautier dans mes bras, l'embrasse et lui souris en lui promettant que nous allons continuer à nous battre.

Nous prenons rendez-vous l'après-midi même avec un anesthésiste pour préparer l'aspiration, cette intervention qui permettra d'extraire de mon ventre ce petit haricot sans vie puis nous filons au laboratoire de l'hôpital pour une série de prises de sang préopératoires.

Le midi, nous allons tuer le temps dans un centre commercial. Gautier prend un sandwich. Quant à moi, je suis incapable d'avaler quoi que ce soit. Je n'ai pas faim, je n'ai pas soif, je n'ai ni chaud ni froid. Je ne ressens plus rien. Nous téléphonons à nos familles pour leur annoncer cette douloureuse nouvelle. Nous culpabilisons terriblement. Nous avons l'impression que nous leur avons vendu un mensonge depuis le mois de février. Un bébé, non il n'y en aura pas. Il est bien dans mon ventre mais il ne vit plus.

A l'heure convenue nous retournons au CHU où une interne anesthésiste nous reçoit, pressée, entre deux rendez-vous :

— Souhaitez-vous une anesthésie générale ou locale ?

— Je ne sais pas. Qu'est-ce qu'il vaut mieux ?

— C'est comme vous voulez. Une anesthésie générale, on vous endort complètement et locale, c'est comme si vous étiez paraplégique, vous ne sentez plus tout le bas de votre corps mais vous êtes éveillée. Cette explication peu rassurante a toutefois le mérite d'être claire.

Je choisis l'anesthésie générale. Je ne veux pas être présente pour l'aspiration. Les salles d'opération sont remplies de bruits de machines diverses et variées. Je ne veux pas assister à tout ça.

Sous le choc de l'annonce, je n'ai pas demandé de précisions concernant l'intervention que je dois subir jeudi, à la gynécologue qui a fait l'échographie. Je profite du rendez-vous avec l'anesthésiste pour le faire. Elle ne comprend pas ma question et à défaut de me dire en quoi consiste une aspiration, elle m'en énumère tous les risques : infection, perforation de l'utérus etc. Horrifiée, je l'arrête. A quoi ça sert de savoir tout ça puisque cette intervention, je suis obligée de la faire.

Nous traînons ensuite le reste de l'après-midi comme deux âmes en peine. Nous n'irons pas au restaurant comme prévu mais nous verrons quand même nos amis, Grégory et Line qui nous préparerons un repas chez eux.

Je n'ai pas encore pleuré. Je suis toujours sous le choc, à des millions de kilomètres de moi même. Mais je sais que les vannes vont finir par céder et que les larmes arriveront en masse.

Le soir, je suis toujours incapable de manger. Je bois, je fume et je remercie nos amis d'avoir improvisé un super repas pour nous.

Enfin, nous rentrons et je pleure…

Je recommence à manger un peu le lendemain entre deux crises de larmes mais je ne suis plus là. La nourriture n'a aucun goût. Je me nourris, c'est tout. Je suis prostrée devant la télé allumée que je ne regarde même pas. Ça devient insupportable de savoir que mon ventre contient un petit bébé mort.

Nous savons l'un et l'autre que nous allons continuer le combat. Mais pour l'instant, je suis KO, au tapis et incapable de me relever.

1 à 0 pour l'infertilité.

Jeudi matin, nous nous levons à 5 h 30 pour être à l'hôpital à 7 h 00. Ma feuille d'admission a comme code « risque : 10 ». Le code qui indique que je suis enceinte. Ironie de la vie. Cela fait des années que je me trimbale un « risque : 20 » : pas enceinte et voilà que le jour où on va me retirer ce petit bébé du ventre, je passe en code « enceinte ».

Nous sommes plusieurs patientes à attendre dans le couloir du 3ème étage. Une infirmière surgit et nous hurle de nous rapprocher du fond du couloir et d'attendre. Il n'y a pas de chaise. Comme beaucoup d'autres, je m'assois donc par terre. Je suis à jeun et je mange très peu depuis deux jours. La position d'attente debout n'est pas supportable. L'infirmière revient, fait l'appel et nous envoie dans nos chambres. Je suis sommée de me déshabiller et de revêtir la chemise de nuit de l'hôpital qui s'agrafe dans le dos puis d'attendre. On vient me mettre mon bracelet d'identification, prendre ma tension et ma température et me faire signer un papier indiquant qui je souhaite prévenir en cas d'urgence. Puis, on me donne des cachets à avaler sans autre explication. Tout ce que je sais, c'est que contrairement aux FIV où j'ai droit à un anxiolytique, cette fois, alors que je suis dévastée, on ne me donne rien du tout pour me détendre.

Quelques minutes passent quand je suis saisie d'une violente douleur au ventre qui ne fait que s'amplifier. Gautier part sur le champ à la recherche d'une infirmière.

— C'est normal, on lui a donné un médicament pour dilater le col !

Et bien sûr, c'est normal qu'on ne m'ait pas prévenue ! Les contractions qui me saisissent sont violentes mais importantes pour moi car rien jusque là, à part l'échographie, ne m'a indiqué que quelque chose avait changé dans mon corps. Mon bébé est sûrement mort depuis des semaines et pourtant, je n'ai rien senti. Cette douleur physique vient prendre un peu la place de la douleur psychique et j'en ai besoin car je suis dévastée.

Les brancardiers m'amènent au bloc. Je souris à Gautier en partant mais dès la première porte passée, je fonds en larmes. Ses parents doivent le rejoindre. Je lui ai dit de les appeler car je sais que le temps de l'intervention va être trop long et insupportable pour lui. Il a besoin d'être soutenu.

Arrivée au bloc, je suis prise en charge par les infirmières. Le médecin, affairée sur son ordinateur me lance un « Bonjour Madame » lointain sans même me regarder. Puis elle s'approche, vérifie son matériel et se fâche contre les autres soignants du bloc continuant à ignorer ma présence.

— Vous auriez dû lui donner des antibiotiques en prémédication. Je vous le dis et je vous le répète : c'est le même protocole que pour les IVG .

Elle n'y peut rien ce médecin si j'ai perdu mon bébé mais une petite phrase pleine d'humanité m'aurait peut-être un peu aidée dans ce moment si douloureux. Je n'arrête pas de pleurer mais elle ne réagit absolument pas. Je suis un utérus à gratter. Point.

Enfin on m'endort. L'intervention est rapide.

Après un petit tour en salle de réveil, on me reconduit dans ma chambre. Gautier n'est pas là à mon retour. Il revient un peu plus tard avec ses parents, fâché de ne pas avoir été là pour m'accueillir. On lui avait annoncé mon retour pour beaucoup plus tard. Tous parlent à tort et à travers. J'ai envie de hurler. Je me réveille à peine, le ventre vide et le bruit m'est insupportable. Mais je n'ai pas la force de demander un peu de calme.

Le sang est là, enfin, comme une signature de cette fausse couche jusque là totalement asymptomatique. On m'annonce que je devrais saigner pendant deux jours. J'aimerais voir la gynécologue qui me suit habituellement en PMA mais elle est en vacances. Ce sont les vacances scolaires. Elle doit avoir des enfants, elle…

Après la visite éclair d'un anesthésiste, nous pouvons rentrer à la maison. Je reprends ma place dans mon canapé pour y pleurer, pleurer, le regard vide... Gautier s'occupe de tout. Je ne gère plus rien à la maison. J'en suis bien incapable.

Lundi, c'est la reprise après les vacances de printemps. J'ai mal partout. Quelques minutes avant de me lever, je ne suis pas sûre de pouvoir faire face et ce sera comme ça tous les jours jusqu'aux grandes vacances. Mes nuits sont emplies d'insomnies et de crises d'angoisse. Chaque journée se présente comme un défi. Je me sens sans cesse sur le fil. Prête à craquer. Chaque soir en rentrant de l'école, je suis fière de moi. J'ai tenu le coup ! Mais à quel prix ?

La dépression est là, partout en moi. Je trouve une force inconnue pour la combattre et mener un quotidien normal. Mais je me fais mal à lutter. Aujourd'hui, je me dis que j'aurais peut-être dû lâcher, quitte à passer quelques temps dans le brouillard. Je ne l'ai pas fait. J'ai eu peur de ne jamais pouvoir remonter, alors je ne me suis pas autorisée à sombrer.

Dans un premier temps, nous continuons à côtoyer tous nos amis. Mais très vite, je ne peux plus supporter les ventres ronds. Surtout les ventres de celles qui ont commencé à être enceinte en même temps que moi. Ce n'est pas de la jalousie ou de la colère puisque ce sont toutes des personnes à qui je ne souhaite que du bonheur.

Mais cette fausse couche a laissé un grand vide en moi et les ventres ronds m'envahissent, remplissent ce vide de douleur. Je ne peux plus être dans la même pièce qu'une femme enceinte. Même si celle-ci est discrète, empathique ou que sa grossesse ne se voit pas encore. C'est insupportable. Si j'arrive à me contenir et à ne pas pleurer la plupart du temps, je suis incapable de tenir une conversation. Je donne l'impression de faire la tête et je ne supporte pas cette image de moi que j'impose aux autres. Mais c'est ça ou m'enfuir en courant.

Après quelques tentatives pour continuer à mener une vie sociale à peu près normale, je capitule. Je coupe les ponts avec les jeunes parents, les femmes enceintes et celles susceptibles de l'être. J'explique pourquoi, je suis honnête. Beaucoup semblent comprendre et j'espère qu'un jour je les retrouverai. L'honnêteté me semble nécessaire mais c'est aussi difficile de dire en toute transparence sa souffrance. C'est très difficile pour Gautier que je coupe aussi du monde . J'ai beau lui dire qu'il peut garder le contact, il a du mal à le faire sans moi. D'abord en colère contre cette contrainte que je lui impose alors qu'il estime à juste titre qu'on a déjà suffisamment d'ennuis et qu'on n'est pas obligé de se punir un peu plus en s'isolant, il accepte peu à peu car il sait à quel point je vais mal. Il se fait même quelquefois mon porte-parole face à l'incompréhension notamment de sa famille qui a du mal à accepter que je ne participe plus aux repas.

Quelques jours après la rentrée, je pars pour trois semaines en stage de formation *Orthographe et Vocabulaire*. Je suis contente de laisser ma classe quelques temps. L'énergie que me demandent les élèves est trop importante pour moi en ce moment.

Dans mon groupe de formation, essentiellement féminin comme toujours, il n'y a apparemment aucune femme enceinte. Me voilà soulagée !

C'est sans compter sur une prof de sciences, qui, à court d'idées, nous propose plusieurs séances sur la gestation et la naissance. Je ne vis pas trop mal la naissance des marcassins, flamands roses et petites tortues même si je dois avouer qu'à ce moment là, je me trouve bien inférieure à une laie pour qui la maternité semble quelque chose d'aisé et tout à fait naturel.

La séance d'après se révèlera être un calvaire. Je m'assois au premier rang. À huit ans, c'est la place préférée, à quinze, on cherche la plus éloignée du prof mais à vingt-neuf, on retourne devant par respect mais aussi parce que quand on est petite comme moi, on voit bien mieux, tout simplement !

Le cours débute et notre formatrice pose une maquette de tronc de femme enceinte sur ma table. Je passe une heure le nez dans un ventre rond déboîtable contenant un baigneur. Ma gorge se serre. J'ai envie de partir en courant car je sens que je vais pleurer. Mais partir, c'est montrer que je me sens mal et je n'ai pas envie de me justifier ou d'expliquer. Je serre les dents et j'attends que ça passe. A la pause, je vais vider quelques larmes aux toilettes, je respire un bon coup. J'ai beau être KO, je n'abandonne pas le match pour autant. Je résiste au delà de mes forces.

Durant cette période, je vais voir régulièrement la psychologue de l'hôpital. Ce suivi est essentiel. Je résiste à tout pour continuer une vie normale mais j'ai besoin aussi de prendre soin de moi et de me reconstruire.

Fin mai, notre rendez-vous initialement fixé pour le suivi de grossesse se transforme en bilan de fausse couche. Installés dans la salle d'attente aux murs jaunes et au sol bleu tacheté de vermicelles colorés, nous commençons une longue attente quand la femme d'un collègue de Gautier entre. On se dit un bonjour poli. Au vu de son ventre, il ne fait aucun doute qu'elle vient consulter pour sa grossesse déjà bien avancée. Nous restons silencieux. Il est exclu qu'on engage une conversation qui amènera forcément à parler grossesse dans cette salle d'attente bien remplie. Notre silence n'a pas éveillé le moindre doute chez cette future maman. Le lendemain, son mari félicitera le mien…

C'est enfin notre tour. Le Docteur Variot lit l'analyse de l'embryon qu'on m'a retiré du ventre. Il n'y a pas d'explication à la fausse couche. Ce qui est souvent le cas d'ailleurs. Nous demandons ce que nous pouvons faire par la suite. Après une hystéroscopie pour vérifier que l'aspiration et le curetage ont bien été effectués, on devrait nous proposer une troisième FIV.

Nous sommes déjà à la moitié du parcours FIV. On a besoin de savoir ce qu'on pourrait nous proposer pour la suite en imaginant que cela pourrait être un don de sperme.

Mais pas du tout ! « A l'issue des FIV, si aucune grossesse n'aboutit, nous pourrons envisager un accueil d'embryons » nous informe le docteur Variot. Nous ne comprenons pas pourquoi puisque je n'ai pas de problème. On avance alors l'idée d'un don de sperme. C'est un « non » catégorique : ce sera un accueil d'embryons ou éventuellement un don d'ovocytes. Je suis abasourdie. Je ne comprends rien. J'ai même l'impression à un certain moment qu'elle se trompe de dossier.

Il est temps d'y aller. C'est comme ça à l'hôpital. Les silences d'une conversation n'existent pas. On pose des questions et si on ne dit plus rien pendant quelques secondes, on nous reconduit poliment mais sûrement vers la porte.

Sur le trajet du retour, on évoque cet accueil d'embryons qui consiste à recevoir des embryons fabriqués lors d'une FIV par un couple qui n'a plus de projet parental et fait un don à un autre couple infertile ou stérile.

Le temps de la surprise passé, petit à petit l'idée fait son chemin et nous envisageons en cas d'échec des FIV de nous tourner vers cette solution. Nous l'envisageons un peu comme une adoption dans mon ventre d'un bébé qui n'aura pas été abandonné mais au contraire qui aura été ardemment désiré par quatre parents.

Mais nous n'en sommes pas là. Il nous reste deux FIV au compteur. Cette fausse couche aussi douloureuse soit-elle est la preuve qu'une grossesse peut démarrer. D'après les différents personnels de l'AMP de l'hôpital, c'est très bon signe et tous les espoirs sont permis. Un jour, ça fonctionnera. C'est juste un accident de parcours.

En juin, je prends rendez-vous pour faire l'hystéroscopie. Le docteur m'a indiqué que c'était bien moins douloureux qu'une hystérographie. J'y vais donc confiante sur un jour de travail. J'arriverai en retard à l'école mais tout le monde est prévenu.

Cette intervention, pour des questions d'hygiène, se passe au bloc. Je me déshabille et enfile un pyjama bleu, taille unique, dans lequel je flotte, une charlotte blanche sur la tête et des chaussons jetables. J'ai un look d'enfer. Ainsi attifée, je monte par l'ascenseur de service, dans une salle d'opération, accompagnée par une aide soignante. J'observe tout, attentivement. Je connais ces salles par cœur pour les avoir visitées souvent depuis quelques temps. Mais cette fois, je ne suis pas allongée sur un brancard et, sans calmant, j'ai les idées claires. J'en profite pour feuilleter mon dossier dans lequel figure les échographies de mon petit ange que je regarde avec beaucoup de tristesse mais aussi de fierté : j'ai été un peu comme une maman pendant quelques temps. Un compte rendu d'une de mes interventions m'apprend que mon hygiène est « correcte ». Me voilà soulagée... Pourtant, « correct » est un mot que j'ai toujours trouvé ambigu. Il semble sous entendre que ça va mais que ça pourrait être mieux... je vais donc penser à changer de gel douche et de déo.

Arrive mon tour et je m'extirpe de cette plongée dans mon dossier médical. Je m'installe sur la table d'opération, les pieds dans les étriers. C'est une interne qui me fera l'intervention, assistée par de nombreuses infirmières. Après un abondant nettoyage, on m'injecte un produit dans l'utérus et une caméra filme mon intérieur. L'interne semble sceptique et approche sa tête de l'écran, les infirmières font de même. Silencieuses, leur masque sur le nez, elles observent attentivement l'image. L'infirmière rajoute de la pression avec le produit injecté. Je commence à avoir très mal. Je panique. Que voient-elles ? Qu'est-ce qui ne va pas ?

J'ai peur de la réponse mais je n'en peux plus de les voir ainsi silencieuses devant l'écran.

— Qu'est-ce qu'il se passe ? je me hasarde à demander d'une voix peu assurée.
— Votre muqueuse utérine est un peu épaisse. Êtes-vous sûre de la date de vos dernières règles ?
— J'en suis certaine ! »
Je me permets alors de préciser que j'ai eu un curetage le 30 avril dernier suite à trois mois de grossesse et que depuis mes règles ne sont pas revenues totalement à la normale.
— Ah ! Ça doit être ça !

Je crois rêver. Je suis sur cette table d'opération pour un bilan post-fausse couche et cette quiche d'interne ne sait même pas pourquoi on a demandé que je fasse cet examen ! La colère laisse cependant vite place au soulagement. Tout va bien et si l'interne dégage vite et loin, ce sera encore mieux… Je suis épuisée par la douleur et l'angoisse. Je retourne à l'école comme prévu mais le reste de la journée sera long, très long…

Notre maison enfin vendue, Gautier passe son temps à chercher un nouveau lieu d'habitation pour nous. Il n'en peut plus de vivre dans cet appartement provisoire dans lequel, comme moi, il se sent très mal. Les dauphins du papier peint de notre chambre qui nous ont fait sourire quand nous attendions encore notre enfant, nous débectent maintenant. La montée d'escalier large et pratique pour déménager est toujours imprégnée d'une odeur désagréable, qu'aucun détergent ne réussit à dissiper. Les précédents locataires avaient de gros chiens qui ont dû séjourner souvent à cet endroit. D'ailleurs, on continue régulièrement à retrouver des poils d'animaux sur la tranche des plinthes et dans les rainures des portes. Nous n'en venons pas à bout. Le carreau d'une des fenêtres du salon est cassé. Nous profitons donc plus que largement des différents bruits de la rue déjà peu atténués par le simple vitrage. Pour s'évader un peu de ce triste univers, bien à l'image de notre moral du moment, Gautier s'achète une console de jeux vidéo. Il passe des heures à jouer au même jeu, en boucle. Il semble anesthésié par l'écran. Moi j'essaye pendant des heures de me connecter à internet qui fonctionne très mal. J'ai besoin de lire les posts de mes copinautes, de partager avec elles mes moments d'angoisse, de chercher auprès d'elles un réconfort que je ne trouve plus dans la vraie vie, avec mon entourage...

Gautier m'emmène visiter toutes sortes de maisons. Il veut absolument que nous achetions quelque chose et le plus vite possible pour quitter notre appartement sinistre et surtout pour avoir un projet. Mais je traîne des pieds. Assurer mon travail constitue déjà un effort surhumain. J'ai du mal à investir autre chose et je n'en ai pas envie. Je vais visiter avec lui une ruine perdue au milieu de nulle part. Je n'en veux pas, je freine des quatre fers. Lui, qui manie bien la langue m'élabore des argumentaires pour me convaincre que ce tas de pierres est une bonne affaire et qu'il est capable d'en faire une splendide demeure. Il me fatigue avec son entêtement. Mais il a besoin de ce projet de maison pour se sentir exister et fuir sa douleur. Il aurait pu partir faire le tour du monde ou la tournée des bars. Il a choisi de partir en quête d'un toit, ce n'est peut-être pas plus mal. Alors, je continue à visiter avec lui.

Les grandes vacances arrivent. Gautier, d'ordinaire très casanier, fait tout pour rendre nos vacances en bord de mer, sur la Côte d'Azur, très agréables. Nous profitons tous les deux des joies de la plage, des dîners en amoureux. Mais comme à chaque instant depuis la perte de notre bébé, une part de moi est absente. Je vis, je profite des bonnes choses, je souris, je ris mais un bout de moi est éteint et ne veut pas se rallumer.

Ma grossesse s'est arrêtée mais elle n'est pas terminée pour autant. Comme il faut neuf mois pour s'habituer à accueillir un bébé, il m'a fallu ces mêmes neuf mois pour accepter que la naissance ne se ferait pas.

En août, nous trouvons enfin une maison. Je n'ai absolument pas le coup de cœur. Nous avons déménagé pour que Gautier ait un lieu dédié à la musique et pour ma part, je ne souhaite pas que nous soyons trop éloignés de nos lieux de travail respectifs. Ces deux critères sont respectés, et ce n'est pas une ruine donc, ça ira bien…

On refera tout l'intérieur pour s'approprier le lieu… Je n'en suis pas convaincue mais je sens que Gautier a besoin de cet achat pour avancer. J'essaye de me montrer enthousiaste en faisant le tour des magasins de bricolage. Nous choisissons une nouvelle cheminée, moderne. Nous prévoyons de casser des cloisons pour agrandir l'espace de vie et de refaire tous les sols en parquet pour apporter de la chaleur à notre nouvel intérieur. Nous laisserons les murs blancs et peindrons les boiseries en gris ardoise. La salle de bain d'origine, à la mode des années 80 sera entièrement rénovée avec des couleurs actuelles et une jolie double vasque en résine, encastrée dans un meuble en bois wengé.

Le mois d'août est occupé à courir les banques pour trouver un prêt. Toujours les mêmes questions. « Vous avez des enfants ? »
« Non. » « Vous allez en avoir ? » « Non. » « Vous avez quoi comme voiture ? » « Un monospace. ».
« Vous voyez bien que vous allez en avoir des enfants… »

Ou alors : « Vous n'avez pas d'enfants…? Ah, je pensais que vous en aviez des enfants ! Vous avez des têtes à en avoir ! »

Mesdames et Messieurs les directeurs de banque. Pensez à proposer à vos agents des formations en tact ! Merci beaucoup !

Le traitement pour la troisième FIV est commencé en août. Comme d'habitude, après quinze jours de piqûres de blocage, d'échos pelviennes et de prises de sang, je commence la stimulation ovarienne. Je ne fais que deux jours à la rentrée des classes et je suis arrêtée pour la FIV. C'est difficile pour moi de laisser, pour presque trois semaines, une classe pas encore installée. J'ai demandé à notre généraliste de prolonger l'arrêt de quelques jours pour avoir les résultats chez moi et reprendre le travail dans les meilleures conditions. C'est à dire en sachant à quoi m'en tenir.

Je dois être inspectée dès le début de l'année. Je travaille donc d'arrache-pied à la fin des grandes vacances pour que ma remplaçante puisse faire un travail efficace avec les élèves et que je puisse reprendre sans qu'ils soient trop perturbés.

La FIV se déroule de la même façon que les précédentes au détail prêt que cette fois, je fais une drôle de réaction au produit anesthésiant. En salle de réveil, complètement désinhibée, je parle à tort et à travers. Je suis consciente de ce que je dis mais il est impossible pour moi de me maîtriser :

— Il n'est pas là, le beau Jean-Sébastien après qui toutes les infirmières courent ? demandé-je sans complexe à la première aide-soignante qui me voit ouvrir les yeux.

— Je n'ai pas de culotte. Pourquoi je n'ai pas de culotte ? Je veux une culotte ! maugréé-je sans relâche à un pauvre infirmier qui finit par m'apporter un slip filet, collection lingerie fine du Centre Hospitalier Universitaire.

De retour dans ma chambre où je retrouve Gautier, on me fait patienter quelques heures et on m'apporte le repas et ce sont... des coquillettes ! Trois FIV et trois fois des coquillettes ! C'est une coïncidence ou c'est plat unique tous les jours de l'année par ici ?

Cette FIV aura donné trois beaux embryons. C'est moins bien que la précédente. Nous sommes un peu déçus. Mais il suffit d'un embryon pour faire un bébé et nous ne projetons pas d'avoir une portée... donc tous les espoirs sont permis. Deux embryons me sont transférés et le dernier est congelé.

Et c'est l'attente qui commence encore et toujours. Elle est d'autant plus désagréable que l'appartement que nous louons jouxte presque l'école. Je me sens donc très mal à l'aise de sortir de chez moi alors que je suis en arrêt de travail. Les journées sont longues et déprimantes mais l'espoir est là.

Un jour j'y crois, le lendemain, plus du tout. Deux jours avant la prise de sang, en pleine nuit, alors que j'étais en phase « j'y crois », un des innombrables allers-retours aux toilettes sème le doute dans mon esprit. Je manque faire un malaise. Tout va encore s'écrouler. Je ne réveille pas Gautier. Il a beaucoup de mal à trouver le sommeil depuis ma fausse couche. Epargnons-le quelques heures... Au petit matin, il n'y a plus de doute. Tout est encore fini. Je vais faire ma prise de sang en avance. Pourquoi attendre, pourquoi souffrir encore plus longtemps pour rien...

Je pleure. Je suis épuisée, blasée. Le jour même, le premier bébé attendu dans notre entourage proche pointe le bout de son nez. Nous sommes censés nous réjouir... Mais ce n'est juste plus possible... Il sera suivi des deux autres bébés en octobre et décembre. Mais le nôtre, notre bébé de novembre, n'arrivera jamais. Le jour où il aurait dû pointer le bout de son nez, c'est l'inspecteur que je verrais débarquer dans ma classe...

Il nous reste un embryon congelé ! La belle affaire. Il sera transféré la veille des vacances de Noël m'empêchant de profiter des bons vins qu'on ouvre à cette période. Tout ça pour rien... ce sera encore un échec, j'en suis sûre ...

2010

Une nouvelle prise de sang me donnera raison : ce dernier transfert d'embryons est encore négatif. Quand on me transfère deux embryons, je ne réussis pas à être enceinte alors avec un seul, c'était couru d'avance... cette fois, je ne pleure même pas. Est-ce que je ne commencerai pas à être blasée ou complètement désabusée ?

Dans quelques semaines, j'aurai trente ans, l'âge ou la plupart de nos amis mettent en route des petits. Nous, nous n'aurons peut-être jamais d'enfant et en plus, nous n'aurons certainement plus d'amis ni de famille puisque je ne peux supporter la vue des ventres ronds ni les pleurs et cris des nouveaux nés.

Le sempiternel courrier : « C'est avec regret.... » arrive, nous proposant une quatrième et dernière FIV. Rendez-vous est pris avec une sage-femme pour la programmation. A cette occasion, je lui demande pourquoi je n'ai jamais une multitude d'ovocytes quand pour certaines

femmes, une FIV peut apporter cinq à dix embryons.
— C'est parce que vous avez des ovaires micro-polykystiques.
— Quoi, comment ? Mais personne ne m'en a jamais parlé ! Qu'est-ce que ça veut dire ? C'est un coup de massue mais aussi une explication. Moi aussi, j'ai un problème et c'est peut-être pour ça que ça ne fonctionne pas.

Avant de faire la dernière FIV, nous décidons de prendre rendez-vous avec la gynécologue pour envisager la suite en cas d'échec.

On commence par lui parler du syndrome des ovaires micro-polykystiques.
— Mais pas du tout Madame ! Vous n'avez pas ce syndrome !
Il y a de quoi devenir chèvre. Je n'ai rien qui cloche puis j'ai un truc puis plus rien ! Mais la surprise ne s'arrête pas là.
— Si la dernière FIV ne fonctionne pas, qu'est-ce qu'on peut envisager pour la suite ?
— Des inséminations avec don de sperme.
— Quoi ? Comment ? Mais l'année dernière, dans ce même bureau vous nous avez parlé d'accueil d'embryons !
— J'ai fait erreur. Nous pouvons en discuter mais vous concernant, c'est le don de sperme qui est préconisé.

On ressort complètement déboussolés. Heureusement que nous parlons facilement de tout, même des sujets les plus difficiles et les plus sensibles de nos vies sans jamais cacher nos états d'âme. Gautier me dit qu'il est prêt pour le don de sperme si besoin. On en reste là et on part avec motivation et détermination pour la quatrième FIV, la FIV parfaite !

Acupuncture, ostéopathie, pleine lune en pleine ovulation, moral remonté à bloc ! Tout va participer à la réussite. C'est la bonne. On en est sûrs.

Et, afin de mettre définitivement toutes les chances de notre côté, nous rencontrons même une magnétiseuse. On nous a dit de nous rendre chez elle très tôt le matin car il y a énormément de monde. Nous arrivons donc à 7h30 et entrons dans un hôtel particulier de centre ville, donnant sur une cour intérieure très fleurie. Le parfum des clématites exhale jusque dans le hall. Ce lieu est magnifique. Une flèche au mur indique la salle d'attente. Nous y pénétrons, persuadés d'être les premiers en cette heure matinale. Mais il y a déjà une dizaine de personnes. Nous n'avions pas bien compris ce que signifiait « très tôt ». Mlle Marlien reçoit ses patients chaque jour, week-end compris dès 4h00 du matin. Il va donc falloir attendre et ce ne sera pas moins de deux heures. Nous hésitons plusieurs fois à partir mais nous estimons avoir déjà trop patienté pour faire demi-tour. A 9h30 environ, c'est enfin notre tour. Mlle Marlien est une vieille femme aux cheveux longs, raides et blanc. Son teint est pâle et la peau de son visage est très ridée. Ses traits semblent figés. Nous lui expliquons le motif de notre venue. Peu loquace, elle se contente de me demander de m'allonger. Elle applique ses mains sur mon ventre et je ressens une étrange chaleur. Il a l'air de se passer quelque chose ! Ça doit fonctionner ce truc !

Lors de la quatrième et dernière FIV, nous avons quatre embryons. Ils sont plus parfaits que jamais. On nous propose le transfert de trois. Je refuse. Nous préférons le transfert de deux embryons et les autres iront au congélateur pour donner une petite sœur ou un petit frère aux deux embryons qui ne manqueront pas de nous apporter au moins un beau bébé.

Tout se passe très bien. Mais dès le lendemain du transfert, j'ai des tiraillements dans le bas-ventre et quelques petits saignements. D'abord inquiète, je me rassure. Ce doit être la nidation ! Malheureusement, je n'ai pas le temps de stresser que mes règles arrivent neufs jours après le transfert. Un triste record... Une grosse claque encore pour nous deux et les larmes qui vont avec.

Il reste deux embryons congelés mais dans ma tête, c'est terminé, je n'y crois plus.

Nous ne croyons plus aux FIV. Nous avons mis toutes nos forces dans ce combat mais l'infertilité a été la plus forte. Il faut se rendre à l'évidence. Nous devons reconnaître notre défaite : nous n'aurons jamais d'enfant « comme tout le monde ». Mais nous n'avons pas l'intention pour autant de baisser les bras, nous sommes déterminés à poursuivre le combat pour devenir parents autrement. Nous prenons rapidement rendez-vous au CECOS pour monter un dossier afin de bénéficier d'un don de sperme. Nous savons que les délais d'attente sont longs. Dans notre centre, ils sont d'environ dix-huit mois. Donc il nous paraît judicieux de prendre de l'avance.

Nous nous rendons, confiants, à notre entretien, faisant fi des échecs passés pour ne regarder que l'avenir. Mais c'était sans compter sur la rigidité des règles des CECOS français.

— Il vous reste deux embryons. Nous ne pouvons donc pas ouvrir de dossier avant leur utilisation car il faut avant tout faire le deuil de l'enfant biologique et bien réfléchir ! nous explique calmement la biologiste qui nous reçoit.

Mais bien sûr, qu'on est bêtes ! On a oublié de réfléchir ! On se baladait dans l'hôpital, on a vu de la lumière au CECOS et on s'est dit : et si on montait un dossier pour bénéficier d'un don de sperme, c'est fun un don de sperme ! Avec un peu de chance, le donneur sera le sosie de Brad Pitt et à nous Hollywood !

Que c'est humiliant de devoir toujours montrer patte blanche. Quand une femme souhaite avorter, c'est un droit que personne ne s'aventurerait à remettre en cause et tant mieux, considérant que c'est un choix individuel qui doit se faire en toute liberté. Mais quand la vie empêche d'avoir des enfants, on doit sans cesse se justifier, montrer qu'on est prêt et qu'on sera de bons parents. Un couple infertile doit déjà attendre très longtemps pour peut-être donner la vie mais ces délais ne semblent visiblement pas suffisants pour le corps médical. Il faut rajouter des temps de réflexion alors que les maternités regorgent pourtant d'affiches de campagne au slogan explicite. « Si vous souhaitez des enfants, ne tardez pas, avec l'âge, la fertilité baisse… » Après des années d'attente, de mauvaises nouvelles, d'espoirs déçus, quand un couple uni et motivé se présente, il ne devrait même pas y avoir l'ombre d'une suspicion de la part de l'équipe médicale. Pourtant, c'est bien loin d'être le cas !

Ces positionnements du corps médical conduisent parfois à des drames. C'est ce qui est arrivé à *Elleetlui*, c'est le pseudo d'une de mes copinautes avec qui j'échange quasiment chaque jour sur un forum consacré à l'infertilité. Elle était normalement fertile en début de parcours mais elle et son mari ont tellement attendu à cause des délais imposés par le manque de don mais aussi par les temps de « réflexion » que quand les traitements ont pu enfin commencer, il était trop tard pour elle. L'horloge biologique avait sonné... des années de souffrance pour rien ! Son mari et elle attendent maintenant d'adopter un pupille de l'état. Ils pensaient être parents à 25 ans et ils ne le seront peut-être pas encore à 40. Quel gâchis...

Nous ressortons encore une fois de l'hôpital, déçus et en colère. Mais loin de nous couper les ailes, c'est avec détermination que nous envisageons de peut-être faire sans l'hôpital puisque celui-ci ne peut pas répondre à nos attentes.

Nous commençons alors à faire des recherches pour bénéficier d'un don de sperme à l'étranger. Je passe des heures à tout éplucher sur internet. Belgique, Suisse, Danemark, Espagne... Je classe les cliniques selon leurs tarifs, leur réputation, leurs délais d'attente... Je finis par mettre en concurrence la Belgique et l'Espagne. La Belgique est moins chère et plus proche mais les lois de bioéthique sont en pleine évolution et certaines cliniques commencent à fermer le don pour les étrangères. Nous choisissons donc l'Espagne. Une toute nouvelle clinique vient d'ouvrir à Gérone, non loin de la frontière et elle pratique des tarifs plus intéressants que ses voisines. Nous décidons de partir en vacances cet été dans cette région pour nous familiariser avec les lieux et rendre le voyage moins stressant le moment venu, si toutefois nous décidons de tenter notre chance là-bas.

Sur internet, je communique sur un forum dédié aux inséminations avec donneur à l'étranger. Il y a quelques couples comme nous mais la plupart des filles qui viennent discuter sont soit en couple homosexuel, soit célibataires. Je découvre un monde inconnu pour moi jusque là, mais qui représente une partie non négligeable de la population de notre pays. Pas facile de trouver le prince charmant et l'horloge biologique tourne. Alors ces femmes « célibattantes » prennent le taureau par les cornes et grâce à la coopération de certains gynécologues français, partent à l'étranger pour faire leur bébé.

En même temps, nous décidons aussi de nous lancer dans les procédures afin d'obtenir un agrément pour l'adoption d'un enfant. Nous n'en parlons qu'à nos parents. Nous ne sommes absolument pas prêts pour adopter mais là encore les délais sont très longs. Nous voulons avoir des enfants, c'est une certitude, donc nous allons mettre tout en œuvre pour réaliser notre rêve.

L'entrée dans cette procédure m'angoisse beaucoup car il va falloir mentir ou cacher une partie de la vérité. Les services d'enquête du Conseil Général souhaitent que les couples aient fait « le deuil » de l'enfant biologique pour se lancer dans l'adoption. Ce n'est pas notre cas puisque nous continuons les traitements...

La première réunion se passe avec d'autres couples. On nous donne beaucoup d'informations. La personne qui anime la réunion est très sympathique et compétente. Cela me donne des scrupules. J'aurai préféré qu'on tombe sur des bureaucrates rigides et sans cœur, j'aurais eu moins de complexe à ne pas être honnête.

Je suis très fière de moi, de nous. Nous sommes combatifs et déterminés. Là où d'autres auraient certainement abdiqués, se seraient séparés, nous continuons notre combat sans relâche.

Mais quelques semaines plus tard, toute cette détermination ne suffit plus. Je craque complètement. Ces démarches en vue de l'adoption me font réaliser que je ne porterai peut-être jamais d'enfant. Que je serai à jamais une nullipare, une femme qui n'a pas eu d'enfant selon le dictionnaire, une nullité qui n'aura pas réussi à donner la vie selon moi. J'ai trente ans et plus d'espoir de sentir des petits coups de pied au creux de mon ventre. Je m'écroule en crises de larmes et crises d'angoisse. Quelque chose en moi se brise définitivement. Je sais que je continuerai le combat mais ce ne sera jamais plus pareil. La blessure est désormais trop profonde. Même si elle guérit un jour, j'en garderai une cicatrice à vie.

Début juillet. Dans quelques jours ce sera les grandes vacances. Les deux derniers embryons sont décongelés. Ils sont parfaits comme toujours. On me transfère numéro douze et numéro treize : il y a déjà treize embryons qui sont venus faire un petit tour dans mon utérus. Mais aujourd'hui, je n'y crois plus. Ma tête est vers d'autres projets, en Espagne. Ça me permet de vivre avec moins de pression cette nouvelle période d'attente entre le transfert et la prise de sang. Nous n'avons plus rien à perdre alors je rajoute en automédication de l'aspirine minidosée pour favoriser la nidation.

Quelques jours avant la prise de sang, je commence à avoir les seins sensibles… bizarre… signe de grossesse ? Mais c'est très léger… je ne sais que penser… j'ai l'impression d'être à moitié enceinte.

Le jour de la prise de sang arrive. Je n'ai pas mes règles. Gautier ouvre l'enveloppe. « Lisa, c'est positif ! » Il est fou de joie mais je calme de suite son ardeur. C'est bien positif mais le taux est faible… il va falloir voir comment il évolue…

L'enfer de l'attente commence. Quatre jours plus tard, le taux a augmenté mais pas autant qu'il aurait dû. Quatre jours encore après, c'est la même chose. Le taux double toutes les quarante-huit heures alors qu'il devrait doubler toutes les vingt-quatre heures. Quatre jours plus tard, c'est toujours pareil…

Nous téléphonons à la gynécologue pour lui demander si nous arrêtons les traitements. « Surtout pas, on ne sait jamais ! Venez à l'hôpital. »

Elle me fait une échographie, voit une petite poche mais trop petite pour le terme. Elle me demande quand même de continuer les traitements.

Nous devons partir en vacances. Elle nous donne un document qui rend compte de mon début de grossesse, et qui sera à présenter à un confrère si mon état nécessite d'aller à l'hôpital pendant notre séjour. A notre retour, je devrai faire une nouvelle échographie de contrôle.

Je suis persuadée que je vais faire une fausse couche. Un tel retard hormonal en début de grossesse ne présage rien de bon. Mais l'acharnement de la gynécologue à vouloir que je continue absolument les traitements sème la confusion dans mon esprit. Et si la grossesse continuait, et si ces inquiétudes n'étaient que le reflet de mon satané pessimisme.

Nous partons en vacances alors que je me sens à demi-enceinte : pour les médecins je le suis, alors que pour moi je sens au plus profond que c'est terminé.

Après les 700 km de voiture, je suis prise de violents maux en bas du dos qui dureront toute la nuit suivante. Je suis certaine que l'embryon s'est détaché, j'attends les saignements mais rien du tout.

Nous arrivons en Espagne. Je me prive d'apéro rosé pamplemousse tout en sachant que c'est tout à fait inutile mais comment continuer des traitements hormonaux de début de grossesse tout en buvant de l'alcool ? Ce n'est pas possible. Je me résigne donc à la sobriété.

Au début de notre séjour nous nous rendons à la clinique Girexx, où nous projetons de bénéficier d'un don de sperme juste pour voir où elle se situe et pour tester le trajet. Nous arrivons sans encombre jusqu'à une jolie ville universitaire Catalane, un peu reculée dans les terres. L'établissement se trouve au centre ville dans un vieux bâtiment. En revanche l'intérieur semble avoir été rénové très récemment. Nous n'irons pas plus loin que l'accueil. Nous sommes juste venus en repérage. Nous passerons encore quelques heures à nous promener dans la ville. Il y a de nombreuses boutiques de musique. Gautier, en grand passionné ne résistera pas à entrer dans l'une d'elles pour le plaisir des yeux. Puis après avoir bu un jus de fruit en terrasse, nous repartons vers notre lieu de vacances. Cette brève visite est symboliquement très importante pour nous. On entame un autre projet, dans un autre pays avec de nouvelles perspectives peut-être plus heureuses, qui sait ?

Puis nous essayons de profiter au maximum de notre séjour. Le décor tout bétonné de la Costa Brava ne nous enchante pas, pas plus que l'immeuble des années 70 dans lequel nous logeons mais le soleil radieux, l'eau rafraîchissante de la piscine et la mer à deux pas nous apportent toute la vitamine D et la détente dont nous avons tant besoin.

Les vacances s'achèvent. Je n'ai pas envie de rentrer car je sais que dès notre retour, ce sera prise de sang, échographie et confirmation que plus rien ne va...

Il le faut pourtant... les analyses sanguines faites à notre retour indiquent qu'il y a bien un problème. Reste l'échographie. Après une heure d'attente, une gynécologue, tout sourire vient nous chercher.

— Excusez-moi, nous dit-elle avec un regard complice, j'étais en train de faire un accouchement !

J'ai envie de hurler. Mais qu'est-ce que j'en ai à foutre de cet accouchement visiblement si émouvant !!

Ma gorge se serre, mon regard se durcit mais rien ne sort.

— Alors, vous venez pour une première échographie ?

Je lui réponds sèchement que nous venons plutôt pour constater une fausse-couche vu le taux de BHCG de la veille.

— Ah mais non, le taux de BHCG ne veut rien dire.

Je n'en peux plus. Ça fait plus d'un mois maintenant qu'on nous mène en bateau. Que nous savons pertinemment que tout est fini, et que des médecins se relaient pour semer le doute dans notre esprit sans voir notre douleur.

À peine l'échographie commencée, le verdict tombe.

— Je ne vois pas de sac.

Sans blague ! Je l'aurais parié ! Afin d'être rassurante, la gynécologue s'approche de notre dossier :

— Alors pour la suite…

Silence gêné. Il n'y a pas de suite. C'était le dernier transfert d'embryons congelés de notre dernière FIV…

Nous partons presque comme des voleurs. Je n'en peux plus. Je craque. Pas à cause de la fausse couche puisque pour nous elle était confirmée depuis longtemps. Mais par cette absence d'empathie, ce décalage entre cette gynécologue toute émue de l'accouchement qu'elle vient de faire et nous qui sommes à la fin d'un parcours qui nous a menés nulle part. Je suis profondément blessée.

Je peux arrêter enfin les traitements. Des saignements qui ne dureront que deux heures arrivent quelques jours plus tard. En revanche, une horrible migraine et des insomnies me tiennent pendant quelques semaines. Je suis épuisée et terriblement stressée. Tout cela est amplifié par les soucis de santé de mon frère et de ma sœur qui sont hospitalisés pour une maladie tropicale rapportée d'Afrique. Ils sont très mal, ont une forte fièvre mais on ignore de quelle maladie ils souffrent. Après plusieurs hypothèses du corps médical, le diagnostic est posé. Ils ont attrapé la bilharziose en se baignant dans une rivière. C'est un parasite de la famille des mollusques qui entre par les pores de la peau et se développe dans le corps. Cette maladie peut être grave si elle n'est pas soignée rapidement mais heureusement pour eux, ils ont été pris en charge à temps. Malgré quelques rechutes et la nécessité d'une surveillance régulière, ils reprennent tranquillement le cours de leur vie. Mes migraines cessent enfin et j'arrive à redormir un peu pour assurer une nouvelle rentrée des classes, la huitième de ma carrière et la quatrième en mal d'enfant avec comme seule certitude, qu'une page est en train de se tourner définitivement : nous n'aurons jamais de mini-nous…

C'est usée par ce combat douloureux qui vient de s'achever sur une défaite cuisante, que je retrouve mon tableau noir et de nouvelles têtes blondes. J'ai à peine le temps de prendre mes marques avec mes nouveaux élèves, que je dois déjà m'absenter car nous avons rendez-vous avec le CECOS pour monter le dossier du don ainsi qu'avec la gynécologue de l'AMP pour faire le point.

Les FIV nous ont épuisés, nous sommes très contents de passer à autre chose. Cette autre méthode sera peut-être la solution pour nous.

J'ai cherché sur le net d'autres couples qui après les FIV intraconjugales ont tenté des inséminations avec un don de sperme. J'en ai trouvé cinq qui, dès la première IAD, ont eu la joie d'apprendre une grossesse. Et quatre de ces cinq couples sont devenus les heureux parents de jumeaux. Tout comme chez nous, les femmes étaient jeunes, elles avaient toujours eu de beaux embryons lors des FIV et avaient fait des fausses couches. Tous ces éléments ne suffisent pas à faire des statistiques mais nos histoires se ressemblent et c'est un grand espoir pour moi.

Tous nos documents en main, nous arrivons, enthousiasmés par la perspective de ce nouveau parcours qui s'ouvre à nous, dans le bureau de Mme Loise, la biologiste.

Après les salutations d'usage, nous nous installons et passons rapidement aux choses sérieuses.

— Le staff s'est réuni la semaine dernière et vous propose donc un accueil d'embryons. Vous aurez droit à la réimplantation de deux fois deux embryons donnés par un autre couple, nous annonce alors Mme Loise.

Nous restons sans voix quelques secondes, abasourdis par ce que nous entendons….

— Quoi ? Comment ? Mais que se passe-t-il ? Il y a six mois, on nous parlait d'une insémination avec don de sperme !

— Ah mais non, ce n'est pas possible car vous avez une trompe bouchée.

— Mais je n'ai pas de trompe bouchée ! La gynécologue avait juste regretté que pour l'hystérographie, la radiologue n'ait pas assez poussé le produit dans une des trompes…
— Ah, ben, il faudra revoir ça avec la gynécologue qui vous suit.
— Tout à fait. Ça tombe bien, nous avons rendez-vous dans une heure…
— J'ouvre votre dossier pour ne pas perdre de temps et vous me recontacterez quand vous aurez fait le point avec la gynécologue.

Nous ressortons de son bureau stupéfaits. Comment peut-on souffler comme ça le chaud et le froid ? Le passage au don est un travail psychologique difficile. Ils n'ont pas le droit de nous dire quelque chose et son contraire quelques mois après !

Du coup, je soupçonne le CHU d'avoir beaucoup d'embryons à donner et peu de paillettes de sperme. A ce moment là, je comprendrais mieux leur proposition. Certes, ils ne sont pas responsables de la pénurie de dons, mais ils pourraient être honnêtes et transparents avec nous.

Nous arrivons très tendus dans le bureau de la gynécologue. Nous lui expliquons qu'il y a un an et demi, elle nous parlait d'accueil d'embryons, qu'il y a six mois, elle nous parlait de don de sperme et qu'aujourd'hui, on décide pour nous que ce sera un accueil d'embryons ! Nous voulons comprendre ce qui se passe. Elle convoque alors la biologiste et le rendez-vous se poursuit à quatre. Elle finit par nous dire qu'un don de sperme peut être envisageable, si c'est ce que nous souhaitons. Elle fait mine de croire que c'est une exigence de notre part et qu'on ne nous l'a jamais proposé. Pourtant, c'est bien écrit dans le dossier sur le compte rendu de notre dernier rendez-vous... Elle nous rappelle cependant qu'un don de sperme, c'est dix-huit mois d'attente environ alors qu'un accueil d'embryons, c'est six mois. De plus, si nous choisissons le don de sperme, ils devront d'abord revérifier que tout va pour le mieux de mon côté. La gynécologue m'explique donc que d'ici une dizaine de jours, je devrai subir une cœlioscopie. Inquiète et un peu agacée de devoir faire à nouveau des examens, je demande alors des explications sur l'intervention.

— Vous êtes hospitalisée pour une journée, on vous fait une anesthésie générale, on incise le nombril, on vous met du gaz dans le ventre et on explore avec une petite caméra. S'il y a des choses à traiter chirurgicalement, on refait des petits trous à différents endroits du ventre. Puis vous aurez une dizaine de jours d'arrêt de travail...

Nous repartons du rendez-vous atterrés, complètement sonnés par tout ce qu'on vient de nous apprendre. Dans la voiture, nous ne disons rien. Pendant vingt-quatre heures, nous ne nous parlerons pas. C'est un record chez nous. Nous sommes tout le temps en train de discuter et il ne nous faut généralement que quelques minutes pour nous mettre d'accord et pour prendre une décision. À ce moment là, nous sommes vraiment complètement perdus.

Le lendemain soir, après notre journée de travail, nous nous installons sur notre terrasse réchauffée par un doux soleil de septembre. Gautier ouvre deux bières qu'il verse soigneusement dans nos verres. Nous trinquons à notre santé et à notre avenir puis buvons une première gorgée rafraichissante. Enfin, la discussion s'engage.
— Chéri, j'étais contente de ne plus faire de FIV pour ne plus me faire opérer. Je viens de faire une rentrée normale. Ce qui n'a pas été le cas ces deux dernières années. Je n'ai pas envie de m'absenter de nouveau. En plus, avec cette cœlioscopie, il y a deux solutions possibles : soit, tout va bien et j'aurais été opérée pour rien, soit il y a un problème et à ce moment là, on nous refusera le don de sperme de toute façon. Donc, c'est un gros engagement physique de ma part pour peu d'intérêt.
— Moi non plus je n'ai pas envie que tu retournes sur le billard.

C'est à ce moment là que nous décidons de tenter le don de sperme en Espagne. Nous n'abandonnons pas pour autant nos démarches en France où nous nous inscrivons sur la liste d'attente pour un accueil d'embryons. Nous poursuivons aussi nos rendez-vous pour obtenir un agrément en vue d'adopter. Cette triple démarche va nous demander de déployer une sacrée énergie, beaucoup de détermination et de réflexion. Au Conseil Général, nous ne pouvons pas parler du don de sperme ni de l'accueil d'embryons. A l'hôpital, nous ne pouvons pas parler du don de sperme. En Espagne, nous pouvons parler de tout mais comme ils ne maîtrisent, ni le français, ni le fonctionnement kafkaïen de nos institutions hexagonales, ils ne comprennent pas... Voilà toute l'ironie de la situation dans laquelle nous nous trouvons à ce moment là.

Après ce rendez-vous au CHU qui nous a complètement retournés, nous n'avons pas le temps de souffler que déjà nous devons rencontrer la psychologue pour la procédure d'adoption. Gautier est confiant. Moi je stresse à l'idée de faire une gaffe ou de rougir quand nous allons parler de notre projet en nous arrangeant avec la vérité. Mon médecin traitant, à qui j'ai parlé de cette inquiétude concernant les entretiens a pourtant tenté de me rassurer en m'affirmant qu'on n'allait pas mentir à des personnes mais plutôt nous adapter au système administratif de la procédure d'adoption. Je pense qu'il a raison mais je ne peux m'empêcher de culpabiliser.

Après une courte nuit passée à cogiter, nous nous rendons, un samedi matin, à notre rendez-vous chez la psychologue. Mme Follot, blonde, souriante et à la silhouette filiforme nous reçoit dans un appartement qui semble être aussi son lieu de vie. Sa salle d'attente, trop meublée, avec une bibliothèque qui croule sous de multiples livres et un vieux canapé dans lequel je prends le risque de m'asseoir même si je me doute que je peinerai à me relever, me donne l'impression que nous sommes invités dans l'intimité de son salon. Je préfère les lieux de consultations neutres, avec les murs blancs, quelques reproductions picturales et un banal ficus. Ces espaces sans âme me donnent l'impression que le visiteur peut prendre réellement place dans le lieu.

La psychologue nous reçoit dans son bureau. Il est tout petit et tout aussi surchargé en meubles et livres. Elle nous convie à nous asseoir sur des fauteuils blancs en osier. Nous sommes très proches les uns des autres, ce qui ne m'aide pas à me mettre à l'aise. La séance commence alors. Après une heure trente d'entretien, me voilà soulagée. Nous n'avons pas été obligés d'inventer une histoire. La psychologue ne nous a pas entraînés sur le chemin de la stérilité. Nous avons parlé de nous, de notre vie, de nos aspirations. Certaines questions étaient de vrais sujets philo : « Que pensez-vous de l'acte d'abandon ? » « Que représente pour vous le désir d'enfant ? » Pour adopter, visiblement, il vaut mieux avoir fait des études afin de pouvoir assurer à l'oral. Comment font les gens pour qui s'exprimer est difficile ? J'espère que les « enquêteurs » du Conseil Général savent s'adapter aux personnes qu'ils ont en face. Enfin qu'importe ! Pour l'instant, ce qui compte, c'est que nous ayons fait forte impression et que le rapport qui découlera de cet entretien soit positif pour obtenir l'agrément. Nous ressortons épuisés mais satisfaits. Voilà une bonne chose de faite.

Un dimanche, nous allons aussi à une réunion de l'EFA (Enfance et Famille d'Adoption) pour en apprendre un peu plus sur l'adoption, notamment à l'international, qui est d'une immense complexité. Très bien accueillis par des parents heureux au milieu de leurs enfants de toutes les couleurs, nous nous imprégnons de ce monde mais aussi de toutes les difficultés qu'ils ont dû affronter pour devenir enfin parents. Beaucoup de couples en recherche d'OAA (Organisations Agrées pour l'Adoption) pour pouvoir adopter à l'étranger semblent désespérés... Ils ont parfois essuyé une trentaine de refus et ne savent plus vers qui se tourner. L'adoption en France est très restrictive. De ce fait, beaucoup de couples se retrouvent dans une impasse. Nous repartons discrètement en espérant que notre solution sera ailleurs, tout en sachant que nous ferons, peut-être un jour, partie de leur communauté.

Dès la semaine suivante, nous troquons notre masque « adoption » contre celui du « don en Espagne ». C'est parti pour les examens demandés par la clinique Espagnole dont les ordonnances ont été faites par notre médecin traitant, le docteur Rémon qui est prêt à nous suivre dans cette aventure. Témoin de nos souffrances depuis plusieurs années, il répond encore une fois présent pour nous aider à réaliser notre rêve de l'autre côté de la frontière. D'autres examens ont été prescrits pour l'accueil d'embryons en France. Je pourrai donc aussi utiliser les résultats pour l'Espagne. C'est une vraie organisation de ministre qui se met en place. Quelle galère de caler les rendez-vous en fonction de mes heures de travail et de mon cycle menstruel… mais la motivation est là plus que jamais et rien ne saurait nous empêcher d'atteindre notre but coûte que coûte et quel qu'en soient les moyens.

Nous adhérons dans la foulée à l'association des « Enfants kdos » qui accompagne dans leurs démarches en France ou à l'étranger, les femmes et les couples qui ont besoin d'un don d'ovocytes ou de sperme pour devenir parents. Sur son forum privé, où viennent discuter de nombreuses femmes aux histoires différentes mais qui sont pour la plupart en partance pour un don en Espagne, je glane des informations pratiques de toutes sortes : des avis sur le suivi, les traitements, les personnes à contacter dans les cliniques mais aussi sur les tarifs des places de parking ou l'adresse d'un bar à tapas sympa… Encore une fois, je trouve auprès de ces copinautes de galère, beaucoup de solidarité et d'empathie et le sentiment de ne pas être isolée.

Puisque tout est bon à prendre et que nous n'avons rien à perdre mais tout à gagner, je prends contact par l'intermédiaire de ma mère, avec Juliette de « Troto Cabro », une guérisseuse du sud qui connaît bien ma famille et qui a notamment, il y a de nombreuses années, enlevé la douleur de mon grand-père, brûlé au visage par un retour de flammes de son poêle à mazout. Je lui envoie un courrier lui expliquant nos démarches. Quelques jours plus tard, cette dame de 96 ans me répond et me donne une neuvaine à faire, me demandant de la rappeler à l'issue de ces neuf jours. Moi qui n'ai pas eu d'éducation religieuse, je vais chercher les textes dont j'ai besoin sur internet et je me mets consciencieusement au « Notre Père » et au « Je vous salue Marie ». Après neuf jours, je l'appelle et elle me dit de continuer jusqu'à « bons résultats ». Ce que je ferai sans plus m'arrêter. Parfois, le soir, en me couchant j'oublie de faire ma prière. Alors, je profite d'un réveil nocturne pour réparer cet oubli. En combinant la science, la chance et Dieu, on finira bien par arriver à quelque chose !

Mi-octobre, tous les examens médicaux sont faits dont une nouvelle hystérographie qui montre que mes trompes sont parfaites. Tellement parfaites qu'au bout de trente minutes, la séance est terminée et on me renvoie dans la salle d'attente alors que la radiologue prévoit toujours beaucoup plus de temps pour ce type de rendez-vous.... Tiens-donc, notre chère gynécologue de l'hôpital se serait-elle trompée ?

Tous les documents sont envoyés en Espagne par mail. La coordinatrice me répond immédiatement et m'indique que nous pourrons faire une insémination artificielle avec donneur sur mon prochain cycle. Déjà ! Nous ne sommes pas habitués à une telle rapidité ! Mais il manque une prise de sang pour mon homme. Même s'il s'agit d'un don, on lui demande de faire, dans la mesure où c'est mon partenaire, les sérologies du VIH et de l'hépatite.

Manque de chance, l'examen du VIH pose problème. Des analyses doivent être faites dans un laboratoire Parisien. Les jours passent et mes règles vont arriver. Je m'étais fait une joie de commencer tout de suite. Voilà qu'il va certainement falloir repousser. Gautier appelle ou se déplace tous les jours au labo. Les secrétaires médicales pensent qu'il craint d'être séropositif et l'accueillent à chaque fois avec un air contrit. Mais non, ce n'est pas ce qui le préoccupe. Il est juste pressé d'être papa mais n'a pas l'intention de l'expliquer à ces braves dames qui ne savent plus comment le rassurer.

Les résultats arrivent in extrémis et le 20 octobre je commence le traitement. Quelle chance, c'est bientôt les vacances et nous allons pouvoir partir en Espagne pendant les congés. C'est beaucoup plus simple au niveau de l'organisation mais aussi psychologiquement.

Pas besoin d'être en arrêt de travail ni d'esquiver les questions des collègues sur notre état de santé...

Les piqûres commencées, nous avons notre premier rendez-vous avec l'assistante sociale, pour l'agrément d'adoption. Elle doit venir à notre domicile. Je fais bien attention à cacher toutes mes seringues, boîtes d'hormones et autres produits illicites pour de futurs adoptants.

Le rendez-vous se passe bien. Encore une fois, on ne nous demande pas de mentir. Nous déballons nos vies mais dans un certain respect de notre intimité. Me voilà rassurée même si chaque rendez-vous participe pour moi au processus de deuil d'un enfant dans mon ventre. Deuil que je ne me sens toujours pas capable de faire...

A cette même période, nous recevons dans notre boite aux lettres une convocation du tribunal de grande instance pour signer un document concernant l'accueil d'embryons. On nous demande d'y apporter des documents prouvant notre capacité à accueillir un enfant issu d'un don...

— Chéri, quel document peut prouver que nous serons de bons parents ?

— Aucune idée...

— Il va falloir quand même apporter quelque chose. Je ne sais pas moi. Nos bulletins de salaire ? Les plans de notre maison ? C'est un peu bizarre non ? Ça sous-entend que si tu n'as pas de boulot et pas de maison, tu n'es pas digne d'être parents ! Ça me déplaît vraiment cette façon de voir les choses… Et je ne vois vraiment pas ce que nous pouvons apporter, je sèche complètement là.

Cette demande du tribunal me prendra la tête et me fera vociférer durant quelques soirées…

Don, adoption, accueil d'embryons, avec toutes ces rimes, il y aurait de quoi en faire une chanson mais pour l'instant, ce triple parcours se fait tout en tension. Nous sommes mobilisés et ultra concentrés, bien décidés à tout mettre en œuvre pour « atteindre l'inaccessible étoile ».

Un mail venu d'Espagne nous donne rendez-vous à Girexx le 1er novembre à midi. C'est férié aussi là-bas mais la clinique reste ouverte si nécessaire. Nous allons pouvoir partir en direction du sud. Ce pays que j'ai visité à plusieurs reprises et dont j'aime particulièrement la langue et la culture se pare alors d'un tout autre visage à mes yeux. Les médias diraient que nous allons y faire du « tourisme reproductif ». Je trouve ces termes très durs. Nous n'allons pas profiter de la pauvreté d'un pays voisin en y achetant des gamètes à bas prix. Nous partons en Espagne parce qu'il n'y a pas suffisamment de gamètes disponibles en France pour tous les couples stériles et qu'on nous demande encore d'attendre. Pourquoi ? Certainement parce qu'en

France, pour devenir donneur, il faut déjà avoir des enfants, ce qui exclut d'emblée une grande partie des candidats. Qui plus est, les donneurs ne sont pas rémunérés. C'est une question d'éthique : la gratuité du don est garante du désintéressement de la démarche. Le législateur s'assure ainsi que personne ne « vendra » ses gamètes par nécessité. Mais où se trouve l'éthique quand la Sécurité sociale française rembourse un traitement fait à l'étranger avec des donneurs et donneuses étrangers ? Et penser que la rémunération est la seule motivation des donneurs et donneuses espagnols est aussi très réducteur. C'est oublier que les espagnols sont les champions du monde du don d'organes. Le don, quel qu'il soit, reste un tabou en France. Ce n'est pas le cas en Espagne où il est régulièrement évoqué même dans les séries pour ados. Dans *Fisica o quimica* de Carlos Montero, on peut voir deux jeunes adultes qui vont donner leur sperme à la sortie du lycée et une femme d'un certain âge qui souhaite devenir maman grâce à un don... Impossible d'imaginer un tel épisode sur les plateaux de nos séries françaises qui ne s'aventureraient pas à évoquer un tel sujet.

Les bagages sont prêts. C'est parti pour un trajet de huit cent kilomètres. Mon oncle et ma tante qui habitent en France à une heure de Gérone vont nous accueillir chez eux. Nous sommes ravis dans ce moment anxiogène pour l'un et pour l'autre de ne pas devoir rester seuls, en tête à tête. Le trajet est propice à la discussion sur le don. Nous avons fait ce choix mais comment l'assumer ? Si cette technique fonctionne, nous devrons porter cette décision qui prête souvent à débat et notre enfant devra vivre avec cette particularité de ne pas connaître complètement ses origines génétiques. Ne sommes-nous pas en train de faire un choix égoïste ? Mais à bien y réfléchir, faire des enfants, quelque soit le mode de fabrication, est toujours un choix égoïste des parents. On fait des enfants pour soi mais pas pour eux. Des enfants qui n'existent pas encore n'ont pas eu leur mot à dire et personne ne peut assurer à son enfant qu'il aura une vie de Bisounours dépourvue de toute difficulté. Notre enfant aura au moins cet avantage d'avoir été vraiment très désiré. Pour le reste nous ne pouvons former que le souhait qu'être issu d'un don ne soit pas pour lui une souffrance. Et s'il pouvait même en être fier, ce serait la cerise sur le gâteau !

Et comment gérer le regard des gens qui risquent de ne pas trouver de ressemblances physiques entre notre bébé et leur père ? Comment réagira-t-on ? Que dira-t-on ? « Il a tout pris de sa mère ! », « Oh ben si quand même, il y a des airs », « C'est l'enfant du facteur ! »... Enfin, pour l'instant, nous n'en sommes pas là. Nous essayons une nouvelle technique qui n'a pas été préconisée par l'équipe qui nous suit à l'hôpital depuis plusieurs années alors ce n'est pas gagné. Nous réfléchirons à tout ça si enfin la vie veut bien nous sourire.

Le 1er novembre au matin, c'est parti pour notre rendez-vous. Il y a une grande foire gastronomique à Gérone avec des animations et des gens partout. Heureusement, nous connaissons par cœur le trajet que nous avons testé cet été. C'est sans encombre que nous arrivons près de la clinique. Avec tout ce monde, nous peinons à nous garer mais c'est enfin chose faite et il nous reste même encore un peu de temps avant notre rendez-vous.

Nous nous installons dans un café. Gautier prend un expresso et moi une horchata des chufa, une boisson laiteuse à base de tubercules, typiquement espagnole. Autant profiter un peu de l'exotisme que nous offre ce drôle de voyage.

A l'heure dite, nous nous présentons à la clinique flambant neuve. Après quelques minutes d'attente, le docteur Teron, gynécologue catalan, nous reçoit.

— Bonjour Madame, bonjour Monsieur, nous lance-t-il accompagnant ses paroles d'une solide et ferme poignée de main.

— Bonjour Monsieur.

— Vous venez pour l'IAD. Vous avez déjà un long parcours.

— Oui, on espère qu'on trouvera notre bonheur ici.

Puis il nous donne rapidement quelques informations sur le donneur et il me demande ensuite d'enlever le bas et de m'installer sur la table d'examen à étrier. Gautier me tient la main. Je ne sais pas comment il vit cet instant. J'aimerais être dans sa tête. Est-il heureux de ce nouvel espoir pour devenir parent ? Souffre-t-il d'être exclu génétiquement pour la première fois dans nos démarches de procréation ?

Le docteur s'approche avec la seringue et nous la montre. Nous voyons juste une petite goutte d'eau. A ce moment là, je me dis : à 600 euros la petite goutte, j'espère au moins que c'est de l'eau minérale !

En quelques secondes et quelques douleurs - le docteur est plutôt braque -, c'est fait. Le contenu de la paillette est en moi. Il nous annonce que d'après l'écho, j'ai deux à trois ovocytes matures donc peut-être des jumeaux en perspective. Il nous souhaite bonne chance. Il nous indique qu'en cas d'échec nous devons refaire le même traitement puis il s'en va. Au bout de 10 minutes d'attente, je descends un peu brusquement de la table qui bascule et manque m'écraser. Gautier est stressé par ma cascade.

Tous ces kilomètres, tout cet investissement pour quelques minutes dans cette clinique nous laisse une impression bizarre.

Nous repartons comme nous sommes venus, juste avec un grand espoir et un compte rendu sur feuille A4 indiquant que le donneur est brun avec les cheveux lisses et les yeux bruns et que ses spermatozoïdes sont de bonne qualité.

Une petite promenade nous conduit au milieu d'un concours de sardane réunissant des danseurs de toutes les générations vêtus du costume de leur « club ». Je pensais que cette danse traditionnelle n'était plus pratiquée que par quelques aficionados ou pour émerveiller les touristes dans les clubs de vacances. Nous découvrons à cette occasion que la sardane dont j'affectionne particulièrement la musique est bien toujours à la mode. Puis nous poursuivons notre chemin pour aller manger une pizza typiquement espagnole bien sûr et nous repartons pour la France chez mon oncle et ma tante qui nous attendent pour l'apéro.

Après avoir fait des FIV, une insémination paraît tellement facile que c'en est un peu déroutant. Ça semble presque trop simple pour être efficace…

Il est temps de regagner nos pénates. Nos vacances s'achèvent et nous faisons les huit cent kilomètres dans l'autre sens fermant cette parenthèse Catalane assez étrange. Cette escapade restera secrète sauf pour nos parents, ce qui la rendra encore plus irréelle.

Maintenant, il n'y a plus qu'à attendre le résultat. L'attente, toujours l'attente. C'est notre huitième tentative ce qui représente quatre mois de notre vie à attendre un résultat. Sachant que dans ces moments-là on ne vit plus vraiment, quel gâchis !

Depuis quelques semaines, nous avons recommencé à vivre mais cette nouvelle tentative nous replonge dans des sensations que nous ne supportons plus. L'impression que le temps est à nouveau suspendu, que nous n'osons plus respirer. Je ne suis plus dans le protocole de l'hôpital donc je n'ai pas de prise de sang prévue pour confirmer ou infirmer une grossesse et je suis bien décidée à ne pas en faire.

Quelques jours après l'insémination, différentes sensations débarquent. Une tension dans les seins par exemple mais aussi d'autres petits maux qui me rappellent plus mes fausses couches que mes grossesses.

Au bout de dix jours, je recommence à passer ma vie aux toilettes. Je dois regarder cinquante fois par jour si mes règles ne sont pas en train de débarquer. Je suis honteuse de cet espèce de TOC qui m'empoisonne la vie mais qu'il m'est impossible de maîtriser.

Cela fait maintenant seize jours que l'insémination a eu lieu et toujours rien à l'horizon. Je me décide enfin à aller faire une prise de sang car si toutefois les résultats sont positifs, il faut que j'augmente ma dose de progestérone en ovules vaginaux, les fameux « utrocrados » !

Avant l'heure de l'école, je pars faire la prise de sang. Le reste de la journée est interminable. C'est prévu que je récupère les résultats à la sortie de l'école et que je les regarde à la maison avec Gautier.

Habituellement, je suis incapable d'ouvrir ce type d'enveloppe mais aujourd'hui, je ne peux pas attendre…

Il fait nuit et froid, je pose mon sac sur le parvis de l'église, je m'accroupis, cachée derrière un buisson pour ne pas être dérangée et décachette fébrilement l'enveloppe.

888 ! Quel taux ! Magnifique, merveilleux !

Je saisis mon téléphone. Je m'y reprends à plusieurs fois pour composer le numéro de la maison. Mes doigts tremblent et je me trompe de touche à plusieurs reprises.

— Allo, c'est moi… c'est bon ! Ça a marché !

J'ai le souffle entrecoupé par l'émotion et je parle doucement car les murs ont des oreilles et je suis juste à côté de l'école. Gautier pense alors que je sanglote et que c'est encore un échec. Derrière son téléphone, il pense que rien ne va plus alors que je suis au contraire en train de lui annoncer la bonne nouvelle.

— Mais non chéri, tout va bien, c'est extraordinaire ! Le taux est à 888 !

— Oh mon cœur, je t'aime…

— Et tu sais ce que ça veut dire 888 ?

— Peut-être des jumeaux ! »

Je m'empresse de rentrer à la maison d'où nous téléphonons à nos parents puis nous prenons rendez-vous chez notre médecin pour le lendemain. Mais après deux fausses couches et un tel parcours, l'angoisse reprend vite le dessus. Et s'ils s'étaient trompés en tapant le résultat. Si le troisième huit avait été rajouté par inadvertance... ? Le médecin nous rassure à ce propos. Le résultat n'est pas écrit manuellement mais par une machine. Il me propose de faire d'autres prises de sang. J'en fais une deuxième qui montre une belle évolution mais je refuse les autres. Je n'en peux plus d'attendre les résultats. J'aimerais être comme tout le monde, enceinte loin du parcours médical.

Mais dès le lendemain, tout se gâte. Lors d'une soirée avec des amis, je suis prise d'un mal de dos que je connais fort bien. C'est le même que j'ai eu pour ma dernière fausse couche. Ce mal passe au bout de deux heures. Et trois jours après, je suis réveillée en pleine nuit par une violente douleur au ventre, douleur que j'ai connu à deux reprises lors de FIV ratées.

Puis deux jours plus tard, je commence à avoir de petits saignements. Je panique. Tout me rappelle sans cesse nos batailles perdues. Le moindre petit signe est un signal de défaite. Je suis certaine que tout est à nouveau fini. J'ai beaucoup de mal à faire mon travail correctement. Les élèves demandent de la patience mais là, je n'en ai pas à leur donner. Je finis par quitter ma classe en pleine journée pour aller chez le médecin. L'examen clinique ainsi que le dosage des BHCG ne révèlera pas de signe de fausse couche mais une échographie s'impose. Je m'imagine tout : grossesse extra-utérine, grossesse molaire…

Le lendemain, alors que je suis enceinte de quatre petites semaines, nous allons faire une échographie. Je déteste cet examen. C'est un moment très pénible pour moi qui me rappelle la perte de notre premier bébé. Ce sera cette fois, dans un cabinet privé. L'ambiance est bien différente de celle de l'hôpital. La vaste salle d'attente n'est pas occupée exclusivement par des femmes enceintes. Nous devons patienter longtemps avant que ne vienne notre tour. Je tremble d'angoisse. C'est enfin à nous.

L'échographiste a la cinquantaine bien sonnée, une coupe courte et des lunettes au contour fin et doré. Son visage au teint clair est fermé. Elle est directe et très sèche lorsqu'elle s'adresse à nous. Mais à ce moment là, je n'en ai rien à faire de la personne qui est en face de moi. La seule chose qui m'intéresse est ce qu'elle aura à nous dire au cours de l'examen. Elle nous annonce assez rapidement qu'elle voit deux petits sacs dont la taille correspond au terme et qui sont correctement placés. Elle tente avec un doppler d'écouter les cœurs sans nous promettre que ce sera possible. Mais ça fonctionne. Deux petits cœurs battent la chamade ! Quel bonheur ! Je la trouverai presque sympathique tout à coup.

« Mais pourquoi je saigne alors ? » Un petit hématome est visible près d'un des embryons.
— Peut-il s'agir d'un troisième embryon qui s'est détaché ?
— C'est possible me répond l'échographiste.
Cela expliquerait toutes ces sensations de fausses couches mêlées aux sensations de grossesse.

Nous repartons soulagés pour quelques heures. Je continuerai néanmoins régulièrement à faire des dosages des BHCG, hormones de la grossesse… Il faudra définitivement faire une croix sur un parcours peu médicalisé. Nous ne sommes pas capables de l'assumer. Nous ne supportons plus le tout médical et pourtant nous en avons besoin.

Noël approche. Les nouvelles grossesses s'annoncent tout autour de nous. C'est terriblement angoissant. Chez les autres, grossesse signifie bébé dans neuf mois. Chez nous, c'est bien différent. C'est juste le possible espoir d'avoir un bébé dans neuf mois mais aussi la crainte que tout aille de travers et de souffrir encore énormément. Cette fois, trois possibilités tournent dans notre tête. Zéro bébé, un bébé, deux bébés… Pendant toute la période d'attente de l'échographie des douze semaines, je suis complètement figée. Plus de sorties, plus de rendez-vous. J'attends, c'est tout, comme prostrée dans un no man's land. Je m'abstiendrai encore une fois de passer Noël dans ma belle famille. Nous ne souhaitons pas annoncer encore la nouvelle mais sans alcool ni foie gras, je sais que je vais me faire remarquer. Nous sommes encore incapables de nous réjouir et les congratulations et les félicitations des uns et des autres seraient complètement en décalage avec ce que nous ressentons à ce moment. Gautier le comprend, me serre dans ses bras et nous espérons tous les deux que ce sera le dernier Noël l'un sans l'autre. Notre discrétion est aussi liée à nos démarches pour obtenir l'agrément d'adoption. Nos rendez-vous continuent alors que je suis enceinte. Bien sûr, je tais mon état lors des entretiens mais le monde est petit. Si trop de gens connaissent ma grossesse, elle risque d'arriver aux oreilles de l'assistante sociale ou de la psychologue.

Nous comptons les jours qui n'en finissent plus jusqu'à cette écho que nous redoutons tant. Elle a brisé nos vies une fois et nous sommes terrorisés à l'idée que cela puisse recommencer.

2011

Le grand jour est arrivé. J'ai très peur mais mon corps a pourtant l'air de dire que tout va bien. Je ne sais comment expliquer cette sensation. Je suis paniquée dans ma tête mais zen dans mon corps. J'espère que c'est bon signe. Les nausées qui sont mes compagnes régulières depuis quelques temps me rassurent sur mon état.

— Bonjour Madame.

— Bonjour.

— Comment allez-vous ?

— Je ne sais pas, c'est vous qui allez me le dire.

L'échographiste enduit mon ventre contracté de gel puis pose la sonde. Je lui avoue mon angoisse. Elle me rétorque que ce n'est que le début et que je risque d'être angoissée les cinquante prochaines années. Cette phrase anodine me rassure. Cela signifie qu'elle vient bien de voir de la vie en moi…

Après quelques minutes voyant que je n'y tiens plus, elle me montre les petits cœurs de mes deux bébés battant la chamade. Puis l'examen se poursuit. Il durera quasiment une heure. Que c'est long !

Ouf, tout va bien. Nous sommes sur un petit nuage. Sortis du cabinet de radiologie, nous sommes un peu perdus, des images de bébés plein la tête avec l'impression de les avoir laissés sur l'écran et d'être repartis sans eux. Nous avons beau savoir que les bébés de l'écran sont dans mon ventre. Le lien n'est pas si évident.

Quelle joie ! Nous pouvons enfin annoncer officiellement ma grossesse, et notamment pour moi, le dire au travail. Petit à petit, nous mettons au courant les gens proches qui ne le savaient pas encore puis les autres. Ce n'est pas sans difficulté pourtant. On a tellement tout dissimulé à ce propos durant des années qu'on a l'impression tout à coup de se mettre à nu, de se dévoiler sans pudeur. Et puis, l'angoisse de la stérilité ne me quitte pas. Ces annonces m'ont tellement fait souffrir pendant des années que je me demande à chaque fois si, à mon tour, je ne fais pas de mal à quelqu'un.

Sans parler de l'effet jumeaux et des exclamations qui vont du Waouh ! Au « Mais vous êtes contents quand même ? », « Il y a des jumeaux dans la famille ? », en passant par des questions qui nous retournent complètement par leur impudeur : « Mais c'est naturel ou ce sont des traitements ? ». Après avoir été d'abord déstabilisée, j'ai appris à mentir à ce sujet. Ça ne me fait pas plaisir de raconter des histoires mais personnellement je ne me permets pas de demander aux gens dans quelle position ils étaient pour fabriquer leur progéniture. Ils n'ont pas à essayer d'entrer dans une partie de ma vie si je ne leur ai pas ouvert la porte. Je peux parler relativement facilement de ce sujet mais si j'en ai envie, pas si les autres m'y obligent.

Finalement, plus de monde est au courant, mieux je me sens. Ce sont les autres, en me posant plein de questions qui me permettent de réaliser peu à peu le bonheur qui est enfin en train de nous arriver. Je réalise aussi à quel point une femme enceinte suscite l'intérêt et donc à quel point c'est insupportable de vivre la stérilité au milieu de notre société qui semble donner à l'enfantement une place sacrée. Je ne lâche pourtant encore aucune émotion, je m'en sens bien incapable. Pas une larme ne sortira de mes yeux. Je suis sans cesse sur le qui-vive. J'ai l'impression d'avoir un cœur en béton armé, tout le temps en position de défense. Et comment se lâcher quand on reçoit un coup de fil du CECOS qui nous demande où nous en sommes dans les démarches d'accueil d'embryons. J'avoue alors à la biologiste ma grossesse sans être capable toutefois de lui dire que nous n'avons plus besoin d'embryons. C'est elle qui abrège mes souffrances en me disant qu'elle nous enlève de la liste et qu'il suffira de l'appeler pour y être de nouveau.

Nous serons désormais suivis par le CHU. La décision d'aller là-bas s'est imposée à nous mais à contrecœur. C'est l'endroit même où nous avons vécu les pires moments de notre vie. Pourtant, c'est la maternité la plus proche de chez nous et la mieux équipée de toute la région. Ce qui n'est pas négligeable dans le cadre d'une grossesse multiple qui est considérée à risque.

Assez rapidement, le suivi commence avec une jeune gynécologue. C'est une femme grande, brune et charpentée. Elle est toujours souriante et a l'air cool. Certainement un peu trop pour moi qui suis complètement stressée. A la première visite, nous annonçons la couleur en expliquant rapidement notre parcours et l'angoisse que nous ressentons. Au lieu des trois échographies officielles, nous aurons des échographies tous les mois. Il est parfois plus difficile de réaliser l'examen sur deux bébés et les marqueurs sériques pour détecter la Trisomie 21 ne sont pas valables donc, la surveillance échographique s'en voit accrue. Je dois lui avouer aussi mon automédication avec de l'aspirine minidosée. Elle décide de garder ce traitement tout au long de ma grossesse. Mais ce n'est pas sans culpabilité que je continuerai quotidiennement à prendre mes petits sachets dilués dans de l'eau car je viens d'apprendre aux informations que la prise prolongée d'aspirine ou de paracétamol pendant la grossesse peut être néfaste à la fertilité des garçons. Et si mes bébés étaient des garçons...? D'accord, les doses sont faibles mais si... mais si... ? Me voilà encore submergée par des milliers de questions et d'inquiétudes.

Le deuxième rendez-vous de suivi de grossesse arrive. Un étudiant sort un petit doppler pour écouter les cœurs de mes bébés. Il n'a visiblement jamais pratiqué cet examen. Il pose la sonde sur mon ventre, cherche, cherche mais ne trouve rien. Gautier, qui voit bien qu'il s'y prend comme un manche à envie de lui prendre l'appareil et de lui montrer. Au départ plutôt tranquille, je commence à paniquer quand je m'aperçois qu'il a déjà dû faire trois fois le tour de mon ventre sans succès. La gynécologue vient à la rescousse, trouve rapidement les deux cœurs et me propose une échographie rapide pour me rassurer. Après son fiasco, l'étudiant prend ma tension qui est à neuf.

— C'est un peu bas !

— Normal, avec la trouille que je viens d'avoir !

— Mais quand on a peur, la tension monte, Madame.

— Et bien pas chez moi ! Perso, ça descend en flèche. Heureusement que je suis couchée sinon j'étais par terre.

L'heure de la première échographie à l'hôpital est arrivée. Ce sera salle 1. Le numéro de la salle est très important pour moi. L'écho qui nous a mis à terre il y a deux ans était salle 2. Peut-être suis-je superstitieuse ? En tout cas, je ne me ferai jamais à cet examen qui me terrorise à chaque fois. Au lieu de regarder l'écran, je scrute la tête de la gynéco. Si elle arrête de parler quelques secondes, je commence à me décomposer. Ouf, tout va bien ! Nous pouvons profiter du spectacle magique que nous offre ces deux bébés faisant des galipettes dans leurs jacuzzis respectifs. C'est beau et irréel. J'ai beaucoup de mal à faire le lien entre ce que je vois sur l'écran et ce qu'il se passe dans mon ventre. Et pourtant, nous sommes bien en train d'assister à un direct!

—Vous voulez connaître les sexes ?

— Oh oui ! S'il vous plaît !

— Alors le bébé numéro un est... un garçon !

— Et le bébé numéro deux est... aussi un garçon !

Ça, ce n'était pas prévu. On nous avait toujours prédit des filles. Ça nous fait tout bizarre, mais dans le fond, tant mieux. Ces bébés sont tellement loin de notre désir de départ qu'ils ont bien raison d'arriver comme ils sont, de s'imposer à nous. Ils viennent dépoussiérer nos cœurs de parents privés d'enfant pendant tant d'années. Mais comment va-t-on les appeler ? Pour une fille, c'est facile mais pour deux garçons... ? Nous décidons de garder leur sexe secret mais prenons bien évidemment les paris. C'est une façon pour nous de trouver un peu d'intimité là où il n'y en a eu aucune.

Je suis enceinte de quatre mois maintenant et nous allons pouvoir enfin vivre cette grossesse pleinement... au rythme d'une grossesse gémellaire. Ce sont les vacances et pourtant, du jour au lendemain, mon corps, en pleine métamorphose m'annonce que maintenant, pour moi, ce sera canapé. Je sens mon bassin s'élargir, le bas de mon dos craquer, une pesanteur terrible qui semble m'indiquer que les bébés aimeraient sortir, des contractions en continue. Un petit tour aux urgences me rassure. Tout va bien. J'ai énormément de contractions : des centaines par jour mais le col ne bouge pas donc je peux vivre normalement. Sauf que dans les faits, je ne peux plus. C'est comme ça quand on attend des jumeaux. Il y a le premier trimestre à peu près identique à une grossesse unique, puis, en quelques jours, me voilà directement propulsée au troisième trimestre.

A la rentrée des vacances de février, je fais deux jours d'école et déjà je n'en peux plus. Je suis alors arrêtée et ce n'est pas du luxe... Ma vie à deux à l'heure commence au rythme des innombrables contractions auxquelles je finirai par m'habituer.

L'écho morpho qui a lieu en salle 1 avec une sage-femme se passe bien. L'attente a cependant été terrible. Une dame assise à côté de nous tentait de retenir ses larmes sans y parvenir. Une profonde détresse filtrait sur son visage.

Le malaise de quelqu'un près d'une salle d'écho, il n'y a pas mieux pour me retourner totalement. Heureusement pour nous, tout va bien. On peut souffler et peut-être même commencer à préparer l'arrivée des bébés ; doucement quand même. Nous attendrons la prochaine échographie et les vacances scolaires pour faire la chambre.

Nous avons toujours du mal à réaliser. Et lorsque je réalise un peu plus, je m'inquiète aussi. Un bébé chamboule la vie paraît-il. Alors deux ! Et ils sont spéciaux nos bébés. Leur mode de fabrication particulier nécessitera de notre part une explication. Comment leur dire ? Est-ce qu'ils risquent d'en souffrir ? Des parents veulent toujours le mieux pour leurs enfants. Mais là, avant même leur naissance, on n'a peut-être pas pu leur donner le mieux. J'ai parfois l'impression de construire ma vie de famille sur la blessure de mes trois hommes. Celle de mon chéri qui n'a pas pu biologiquement donner la vie et celle de nos bébés qui n'ont pas pu recevoir les gènes de leur père. Est-ce que je serai une assez bonne maman pour panser cette blessure, pour que tous les quatre, nous puissions transformer cette différence en force ? Je l'espère. Paradoxalement, c'est souvent Gautier qui me rassure à ce sujet. Mais je dois maintenant me débrouiller pour que nos enfants n'aient pas à me rassurer car ce n'est pas leur rôle.

Il y a quand même des moments où l'humour prend la place sur le reste. En pleine

mode de la recherche de paternité par l'ADN et alors que Polnareff vient de réaliser que son fils n'était en fait pas de lui, Gautier n'hésite pas à me sortir :
— Tu es sûre que ce sont les miens ? On va faire un test de paternité pour voir !

Mais il y a d'autres moments plus difficiles. Par exemple lorsque nous recevons un courrier du CECOS nous demandant si nous souhaitons conserver les paillettes de sperme de Gautier. Pour ma part, il est évident que non mais ce courrier n'est pas si facile à digérer pour Gautier. Je le laisse traîner. Nous n'y répondrons pas, pas maintenant en tout cas.

Le 14 avril, nous recevons un papier du Conseil Général nous annonçant que nous avons l'agrément pour adopter un enfant. Nous le lisons rapidement puis le mettons de côté. Ce parcours combiné a un goût bizarre. Ce n'est qu'un bout de papier qui aujourd'hui ne représente rien et qui pourtant aurait pu être tout. Je suis mal à l'aise que cette démarche pour avoir l'agrément n'ait été pour nous qu'une solution de secours et pas un vrai désir. Il faut désormais conjuguer avec sa conscience et avec des délais ultra longs pour l'adoption qui obligent à commencer les démarches avant même d'être vraiment prêt.

Le lendemain, nous avons un nouveau rendez-vous pour une échographie. Pour une fois, j'y vais presque sereine. Et pourtant nous ressortons dépités. Après une longue exploration silencieuse, la gynécologue qui me fait l'échographie ouvre enfin la bouche :
— Un ventricule cérébral latéral de votre premier bébé est un peu dilaté et se trouve à la limite de la normale.
— Qu'est-ce que ça veut dire ?
— Pour l'instant, rien du tout, mais c'est à surveiller. Vous devrez refaire une échographie de référence avec une spécialiste dans quinze jours.

C'est un coup de massue et l'angoisse permanente qui commençait à nous lâcher, revient à grands pas. Ce sont les vacances mais tous nos projets de préparatifs pour la venue des bébés sont suspendus. Cette mesure limite peut n'être rien du tout comme l'annonce d'une catastrophe. La dilatation des ventricules peut être le signe de nombreux handicaps légers ou très lourds et peut conduire dans le pire des cas à pratiquer une interruption médicale de grossesse. Pour en savoir plus, il faudra peut-être faire une amniocentèse qui risque de provoquer l'accouchement quand elle est faite au troisième trimestre et aussi un IRM du cerveau du bébé.

Les quinze jours semblent une éternité. A nouveau, j'arrête de vivre et me mets en attente…

Le 27 avril, veille de l'anniversaire de ma fausse couche d'il y a deux ans, nous voilà à nouveau à l'hôpital. Dans la salle d'attente, je suis terrorisée.

L'écho est faite par une gynécologue accompagnée d'une sage-femme. Le ventricule est toujours un peu dilaté mais n'a pas bougé depuis la dernière fois. C'est un grand soulagement. Par contre, elle remarque, toujours sur le même bébé une dilatation fluctuante du bassinet entre le rein et la vessie qui sera à surveiller. Nous voilà repartis pour quinze jours d'attente avant une nouvelle échographie de référence. Toutes ces petites anomalies ne sont pas graves en soit à ce stade mais elles peuvent être le signe d'appel de nombreux handicaps ou pathologies graves.

La deuxième échographie de référence aura lieu en salle 2, la salle maudite de ma fausse-couche ! Quelle horreur ! Je déteste cet endroit qui rajoute de l'anxiété alors que je suis déjà complètement flippée. Le ventricule est toujours pareil et le bassinet aussi... Il faudra continuer à surveiller mais rien de plus. Notre bébé aura probablement une échographie des reins à la naissance et une opération pourra être envisagée si nécessaire. Le médecin référent ne souhaite plus nous revoir pour l'instant.

Nous retournons dans le circuit classique avec une prochaine écho le 15 juin. J'en serai alors à sept mois et demi de grossesse. Donc, rassurée ou pas, j'ai deux gros bébés dans mon ventre qui vont arriver et à qui nous devons désormais préparer un nid douillet ! Nous nous rendons donc dans les magasins de puériculture. Les premières fois, malgré un ventre plus que proéminent, je rase les murs, ne me sentant toujours pas à ma place dans ces temples de la maternité. Je ne réalise toujours pas que je serai bientôt maman et lorsqu'enfin, je prends un peu conscience que nous sommes proches du but, mes peurs reviennent et m'empêchent de me projeter. Cependant, malgré l'angoisse, nous commençons à décorer la chambre de nos petits garçons en taupe et vert anis car une chose est sûre, bientôt, il sera impossible pour moi de me déplacer pour faire du lèche-vitrine...

Le vendredi 3 juin, je fais un brin de rangement après le barbecue de la veille. Nous avons reçu quelques amis et profité dans notre jardin d'une agréable journée ensoleillée. Gautier, qui ne travaille pas ce jour-là est en train de vernir la cabane au fond du jardin quand tout à coup quelque chose cloche. Je file aux toilettes. Je n'en suis pas certaine mais je crois que je suis en train de perdre le bouchon muqueux. J'appelle Mme Lebihan, la sage-femme chez qui je fais ma préparation à l'accouchement et que je dois normalement voir dans l'après-midi. Elle me dit de ne pas m'affoler et qu'elle m'examinera avant notre séance sur le thème de l'allaitement. Je suis bizarrement sereine et à mille lieux d'imaginer ce qui va se passer dans les heures qui suivent. Gautier m'accompagne au rendez-vous et reste avec moi durant l'examen. Mme

Lebihan toujours calme et souriante m'annonce que mon col est raccourci mais toujours fermé et que j'ai de la tension. Deux de ces informations sur trois devraient me faire flipper mais non, je reste stoïque. Elle contacte dans la foulée le CHU où le gynécologue de garde demande à ce que je vienne pour faire des examens.

Nous partons donc en milieu d'après-midi en direction des urgences de la maternité. Il y a beaucoup de monde dans la salle d'attente et dans les couloirs des urgences. La sage-femme qui nous accueille nous demande donc de patienter.
— Je peux attendre mais j'ai besoin d'être allongée, Madame, lui dis-je d'un ton implorant. Je n'ai mal nulle part mais la position debout et même assise m'est très désagréable.
— Je vais voir ce que je peux faire, me lance-t-elle en repartant déjà vers d'autres patients.
Heureusement, après un délai relativement court, on m'installe dans une chambre. J'ai beaucoup de tension et un test indique que j'ai des protéines dans les urines. Mon col étant raccourci mais toujours fermé, la sage-femme qui m'examine pense que je vais pouvoir rentrer chez moi. Mais le gynécologue de garde souhaite d'abord me faire une échographie et je dois patienter car il est en train d'accoucher une patiente. Les heures tournent et nous attendons tranquillement. Vers 20h00, on me propose un repas. La cafétéria étant fermée à cette heure

tardive, une ASH apporte également un repas à Gautier que nous partageons en amoureux sur le bureau de cette petite pièce d'examen.
— Il ne vous manque que les bougies messieurs dames ! Bon appétit, nous dit-elle en fermant la porte.

Me voilà presque ravie de partager avec mon mari cet insolite repas en amoureux. Notre tranche de rôti sec accompagnée de ses choux fleurs tout aussi secs ne régale pas nos papilles mais la faim et l'ennui rendent ce moment des plus savoureux. Le repas terminé, je me lève pour retourner m'allonger, la position assise m'étant toujours assez désagréable. Mais à peine debout, un liquide chaud se répand sous moi me stoppant tout net dans mon élan. Si aucune primipare n'a déjà vécu ce moment, il est indéniable que lorsque ça arrive, toute femme sait exactement de quoi il s'agit !
— Gautier, je perds les eaux ! Sonne !
— Où est ce foutu bouton ?
— Là, dépêche-toi ! Vite !

Il y a quelques minutes, ma question était de savoir si je passais la nuit ici sans culotte de rechange ni brosse à dents, désormais, je suis sûre de ne pas rentrer tout de suite chez moi. Pourtant mon hygiène dentaire est tout à coup reléguée à l'arrière plan. Maintenant, mon unique préoccupation est de savoir si nous allons devenir parents dans quelques jours ou dans quelques heures alors que le terme n'est prévu

que dans deux mois... Je frémis, terrorisée par la tournure que prennent les événements et par ce qui nous attend.
Gautier me chuchote :
— Je ne suis pas prêt, pas tout de suite.
Et moi je pleurniche :
— Non, je ne veux pas qu'ils sortent, c'est trop tôt, je ne veux pas... et comment va-t-on les appeler ? On n'a pas fini d'en parler ... on ne pourra pas les avoir avec nous. Ils vont rester à l'hôpital ! Non, je ne veux pas. Pas déjà...

Une contraction comme je n'en avais encore jamais eue me tord de douleur et met brusquement fin à la discussion. C'est donc ça une contraction douloureuse. Elle porte bien son nom. Je suis au bord du malaise. La sage-femme qui est venue me prendre en charge branche les monitorings. Ceux-ci indiquent que les contractions sont régulières et de plus en plus rapprochées. Il y a urgence. Sans prendre le temps de m'expliquer au préalable ce qu'elle s'apprête à faire, Véronique - comme l'indique son badge - me pique à la cortisone dans la cuisse pour accélérer la maturation des poumons de mes bébés. S'ils sont vraiment décidés à sortir, à ce terme, ils risquent d'avoir de grosses difficultés pour respirer. Toute l'équipe attend maintenant des résultats du labo afin de vérifier que je ne souffre pas d'une infection. Si tout va bien, on me fera une deuxième injection qui devrait arrêter les contractions et repousser l'accouchement.

Mais, c'est peine perdue. Le travail a bel et bien commencé. Rien ni personne ne pourra plus arrêter quoi que ce soit. Mes fils sont en train de naître. C'est au pas de course que des brancardiers m'amènent en salle d'échographie pour vérifier la position des bébés avant d'aller en salle d'accouchement. Ils veulent me transporter dans une chaise roulante mais je suis incapable de me mettre assise : j'ai trop mal et je ne peux pas me plier. Je traverse donc les couloirs bondés des urgences sur mon lit d'hôpital avec, à mes trousses, Gautier portant un sac poubelle contenant mes vêtements mouillés.

À peine arrivée à l'étage des accouchements, la douleur devient intenable et je demande la péridurale. Je suis accablée de ne pas me sentir à la hauteur une fois de plus. Mes bébés ne sont pas prêts à naître. J'ai fait tout ce que je pouvais pour les garder au chaud mais sans succès. Je n'ai pas l'impression de donner la vie mais juste de « sauver les meubles ». En naissant aujourd'hui, ils ne seront pas grands prématurés mais juste prématurés. Je sais qu'ils pourront survivre mais en garderont-ils des séquelles ?

Un interne en anesthésie vient pour me poser la péridurale. Pour cette intervention, on demande à Gautier de sortir. Il n'arrive pas à me piquer correctement. Il s'y reprend à cinq reprises, j'ai à chaque fois l'impression que quelqu'un me poignarde dans le dos. Avant la dernière tentative, il m'annonce que s'il échoue encore il passera le relais. Heureusement, la perspective d'être obligé d'appeler sa chef à son secours a dû lui donner la motivation nécessaire pour cette fois, ne pas me rater.

La péridurale à peine posée, le médecin qui est à mes côtés a le regard qui se fige sur l'écran et va chercher un troupeau de collègues qui arrive près de moi en courant.

— Que se passe-t-il ?

Personne ne me répond. Je comprends d'après l'écran que le rythme cardiaque de mon premier bébé s'est ralenti. On me met un masque à oxygène et j'entends parler autour de moi de césarienne. Une sage-femme me demande de me tourner sur le côté. Mais la césarienne n'est déjà plus envisageable. Notre premier bébé est engagé. On m'emmène immédiatement au bloc où Gautier me rejoint pour quelques minutes à peine puisqu'on lui demande de sortir aussitôt. Je me dis que mon bébé n'a pas survécu et qu'on empêche Gautier de le voir. Je suis terrorisée mais je m'interdis de craquer. Je ne dois pas être un poids pour l'équipe médicale qui gère cette situation dans le stress. Je dois tout faire pour les aider afin que cet accouchement se termine au mieux. Quelques secondes plus tard, autorisé à rentrer, il revient auprès de moi et le cri de vie de deux magnifiques petits yeux grands ouverts nous emplit de bonheur. Gaspard vient de naître. Il est magnifique et je suis émerveillée par ce tout petit être. Après deux secondes de peau à peau, je donne naissance une minute plus tard à mon deuxième bébé, Arthur, sorti à grande vitesse par les pieds. Il en gardera un beau bleu pendant quelques jours. Nous n'entendons pas le son de sa voix et je n'ai même pas le temps de voir son visage. Il ne respire pas et doit être réanimé de tout urgence. J'attends, seule et fébrile, de savoir comment ils vont.

Mes bébés sont chacun avec leur équipe de réanimation. Gautier m'apporte enfin des nouvelles rassurantes : ils vont bien. Il me montre aussi quelques photos qu'il a pu prendre avec son téléphone. Mes tout petits sont branchés à plein de fils. C'est un choc mais je fais confiance aux médecins : ils vont bien, ils vont bien.... Pendant deux heures, je tremble comme une feuille et j'ai enfin le bonheur de voir arriver deux couveuses et de découvrir mon premier bébé qu'on place quelques minutes dans mes bras. Mon deuxième amour restera intubé, dans sa couveuse. Trop faible pour me lever, je n'apercevrai que son profil et lui caresserai le bout du pied. Je ne pourrai le tenir contre moi que quelques jours plus tard.

Des années de galères avec en récompense ce 4 juin 2011 à 00 h14 et 00 h 15, 1kg 700 fois deux de bonheur. Gaspard et Arthur sont enfin parmi nous. Nous sommes désormais quatre. Je suis à la fois euphorique d'être enfin maman et inquiète aussi pour leur santé. On nous dit que tout va pour le mieux. Mais pour les médecins de la réanimation qui assistent chaque jour à des décès d'enfants et de nourrisson, j'imagine qu'aller bien, c'est être vivant. Pour le reste, il est de toute façon beaucoup trop tôt pour connaître les éventuelles séquelles dues à la prématurité. Alors nous savourons le bonheur d'être parents de deux petites crevettes qui progressent de jour en jour et qui ne rencontreront au cours de leur hospitalisation que quelques soucis mineurs.

Après deux jours passés côte à côte au service de réanimation pédiatrique, dans une chambre spacieuse refaite récemment à neuf, mes deux trésors sont transférés pendant la nuit au huitième et dernier étage de l'hôpital pour enfant : en néonatologie. C'est un choc pour nous quand nous les retrouvons le lendemain. Ce service n'a pas été rénové. Malgré quelques coups de peintures pour rafraîchir les lieux, nous sommes propulsés dans un autre temps. Les chambres sont extrêmement exigües et vitrées de toutes parts. On se croirait dans un orphelinat de pays en voie de développement. Les règles d'hygiènes pour entrer dans cet espace sont très strictes. Nous devons nous laver les mains selon un protocole très précis, enfiler une blouse et parfois un masque et une charlotte. Nous nous présentons au personnel de l'étage. On nous conduit vers nos enfants. Mon cœur se serre quand je m'aperçois que mes deux bébés ne sont pas dans la même chambre. Ils ont été séparés et Gaspard qui était jusque là installé dans une couveuse ouverte à été enfermé dans une grosse boite fermée et couverte d'un tissu. Un petit Dylan partage sa chambre. Sa maman m'explique qu'elle reste dans cette pièce avec son fils douze heures par jour. Cela fait cinq minutes que je suis là et j'étouffe déjà. Je ne pourrai jamais rester autant de temps qu'elle. Je suis une mauvaise mère. Mais non, je ne peux vraiment pas, je vais devenir folle dans cette prison avec toutes ces machines qui sonnent sans cesse et les cris et pleurs d'une quarantaine de crevettes alentours. Lorsque cette jeune maman m'explique que son bébé est là car ses intestins se développaient à l'extérieur de son ventre et qu'il a fallu l'opérer in-utéro puis provoquer l'accouchement pour l'opérer à nouveau dès sa naissance, la nausée me saisit et j'ai du mal à respirer.

Fort heureusement, dès le lendemain, Gaspard et Arthur sont à nouveau réunis dans la même chambre et je m'habitue peu à peu à ce lieu qui devient aussi notre espace de vie, l'endroit de nos premiers échanges avec nos petits bouts. Ils changent souvent de colocataires. Gautier et moi discutons avec les parents d'autres bébés et nous ne tardons pas à nous apercevoir que nous sommes très chanceux. Beaucoup d'entre eux ont failli mourir. Pour certains, les médecins restent réservés sur leur évolution future. Alors que nos bébés progressent de jour en jour, pour d'autres, il y a des moments de régression très inquiétants. La néonatologie n'accueille pas que des prématurés. Il y a aussi des bébés nés à terme dont une pathologie a été détectée in utéro ou dès la naissance et si certains sortiront de ce service en pleine forme, pour d'autres, l'hôpital sera pour longtemps encore, leur quotidien.

C'est donc au sommet de l'hôpital que nous apprenons à changer les couches directement dans la couveuse au milieu de tous les fils qui relient mes bébés aux différentes machines qui les entourent. Ce n'est pas simple mais très vite nous devenons presque aussi habiles que les puéricultrices. Nous passons de longues heures à les porter en peau à peau. Nous apprécions ces moments et eux aussi visiblement. Arthur s'aplatit complètement contre nous. Chaque petit millimètre de sa peau est collé à la nôtre. J'essaie de les allaiter mais ils sont trop faibles pour téter et après un mois de vaines tentatives, je dois me résoudre à leur donner mon lait au biberon. Je suis triste de faillir encore une fois à mon rôle de mère mais rien ne doit gâcher mon nouveau bonheur alors je finis par me convaincre de tous les avantages qu'il y a à donner le sein à un tire-lait. Le tire-lait ne pleure pas, il sait patienter et il ne s'endort pas en milieu de tétée…

C'est difficile de laisser mes nouveau-nés chaque soir. C'est contre nature pour une maman de ne pas être à plein-temps avec son bébé au cours des premières semaines afin de lui prodiguer tous les soins vitaux. Mais j'essaie de ne pas y penser. On n'a pas le choix de toute façon et ils vont bien, c'est le principal. Chaque matin, je cours pour les rejoindre. Le planning est serré. Je dois jongler avec les horaires de soins de mes petits loups (les changes et les repas se font à heures fixes), mes cinq rendez-vous journaliers avec mon tire-lait, les trajets en voiture, puis à pied, mon passage au lactarium, quelques heures de sommeil et l'organisation pour leur arrivée à la maison.

Un mois après leur naissance, Gaspard et Arthur changent d'unité. Ils sont désormais aux « berceaux ». Finie la couveuse. C'est un grand moment de bonheur quand nous leur donnons leur premier bain. Nous avons également plus d'autonomie pour nous occuper d'eux. Quand nous sommes présents, nous préparons leurs biberons avec mon lait auparavant stérilisé par le lactarium ou frais lorsque j'ai pu le tirer sur place. Lorsque Gautier prépare, seul, les biberons de nos fils, sans le regard des puéricultrices, il se sent enfin devenir papa.

Quarante jours après leur naissance, nos tout petits bébés qui font désormais 2kg 800 chacun ont enfin gagné le droit de sortir de l'hôpital. Ils savent désormais respirer seul, se nourrir en tétant et réguler leur température. Ils ont également atteint un poids raisonnable et ne font plus de bradycardies (ralentissements du cœur). Gaspard et Arthur ont réussi leur examen de passage. Nous voilà donc prêts à sortir. On leur enlève tous leurs branchements. À presque un mois et demi, on peut enfin les prendre en photos sans sonde dans le nez ni fils multicolores qui sortent du pyjama : les voilà définitivement en WIFI.

La descente du huitième étage jusqu'au rez-de-chaussée où nous avons garé notre voiture est des plus stressantes. Nos couffins en main, nous quittons notre univers aseptisé où les règles d'hygiènes sont draconiennes pour nous engouffrer dans le temple des microbes : l'ascenseur. Souvent bondé, cet univers clos concentre toutes les odeurs de sueur, déodorant et autres solutions hydro-alcooliques. À chaque étage, des gens s'engouffrent par les deux portes latérales et je suis terrorisée à l'idée qu'on puisse nous bousculer ou s'approcher un peu trop près de nos si fragiles petites frimousses. Nous arrivons enfin à l'extérieur. J'inspire une grande bouffée d'air frais et je me sens envahie par un grand sentiment de liberté. Enfin, nous sommes parents, vraiment parents. Exit les médecins et les infirmières. C'est nous désormais qui sommes responsables de nos enfants, enfin…

Nous avons de la peine à réaliser que tout cela est bien vrai. Pendant plus de six mois, je pense parfois en me réveillant que j'ai seulement rêvé. Ce n'est pas imaginable que moi, Lisa, je sois la maman de jumeaux. Nous ne pouvons pas avoir d'enfant. Comment est-ce possible que nous en ayons donc deux ? Chaque jour, je fonds un peu plus d'amour pour mon lapin et ma noisette comme j'aime les appeler. Quand ils dorment, je les regarde, je les admire. Mais ce n'est pas suffisant. J'allume mon ordinateur et je regarde encore et encore des photos d'eux. Je n'en ai jamais assez. Toujours les yeux tournés vers eux, je n'ai de cesse de m'emplir de leur présence qui me comble.

Nous avons mis cinq ans pour vivre ces moments, cinq ans d'une longue et douloureuse gestation pour enfin gagner notre combat contre l'infertilité. Nous sommes heureux de cette magnifique victoire mais nous avons pris beaucoup de coups pendant cette bataille. Beaucoup trop de mauvais coups. Toutes les blessures ne sont pas encore refermées. Il nous faudra du temps (peut-être encore cinq ans qui sait) pour que nos cicatrices ne soient plus sensibles et que l'on soit capables de les exhiber avec fierté tels d'anciens combattants.

2012

Entre biberons, couches et nuits sans sommeil, notre vie avec deux bébés se met en place petit à petit mais il me manque quelque chose. Nous avons dès les premiers mois déjà expliqué à nos bébés comment ils ont été conçus. Nous leur avons dit que les graines à bébé de leur papa étaient cassées, que nous ne pouvions donc pas avoir d'enfant et que nous étions très tristes. Alors que nous étions allés en chercher en Espagne où un monsieur qu'on ne connaît pas nous avait donné des graines dont il n'avait pas besoin et que c'est grâce à ces graines et à celles de maman qu'ils sont nés.

En leur expliquant cela, je réalise qu'il manque un morceau à cette histoire. Si mes graines ne sont pas cassées et que je n'en ai plus besoin puisque j'ai mes deux bébés, je pourrai peut-être aussi en donner à un couple qui est triste de ne pas pouvoir avoir d'enfant. J'en parle alors à Gautier qui est très réticent : donner des ovocytes implique à nouveau un traitement hormonal assez lourd et une ponction sous anesthésie générale. J'essaie de le convaincre que ce n'est pas grand chose à côté du bonheur que ça peut amener à un couple mais rien n'y fait. Il ne veut plus entendre parler de l'hôpital. Je renonce donc à ce projet en me disant que de toute façon, je n'aurai peut-être pas été acceptée puisque le Docteur Variot, la gynécologue qui nous suivait avait l'air de penser qu'il y avait aussi un souci de mon côté.

Alors nous n'en avons plus parlé jusqu'au jour où nous avons appris, par des amis communs que Benoît et Marie, qui venaient de subir quatre échecs en FIV étaient à la recherche d'une donneuse d'ovocytes pour les parrainer et recevoir à leur tour des ovocytes pour espérer devenir parents. Leur appel m'a profondément touchée.

— Chéri, j'aimerais qu'on les aide.

— Tu es toujours partante pour être donneuse ?

— Oui.

— Alors, on va le faire !

— Mais je ne veux pas te forcer la main. Je veux que ce soit notre décision à tous les deux.

— Et bien ça l'est. En entendant parler de leur souffrance, j'ai ressenti tout ce qu'on avait vécu et si on peut faire quelque chose pour eux, alors il faut y aller. Faire un don, c'est contraignant mais c'est tellement rien à côté de ce que ça peut apporter.

— Alors je prends rendez-vous dès demain, tu es sûr ?

— Oui.

Nous avions eu connaissance du message de Marie et Benoît un dimanche après-midi et dès le lundi matin, je téléphonais à l'hôpital pour prendre un rendez-vous afin de devenir donneuse. C'est l'été et vacances obligent, le rendez-vous pris mi-juillet n'aura pas lieu avant fin août. Je crains que mon passé de PMA ne bloque ma candidature et j'ai peur d'avoir suscité de faux espoirs pour Marie et Benoît. Nous les informons de notre parcours et de nos craintes quant à l'acceptation de notre dossier. Mais me voilà vite rassurée.

Fin août, le rendez-vous arrive. Je suis reçue par le grand Professeur Martin, chef de service de toute la maternité. Dès les premiers échanges, je comprends que mon histoire n'est pas un frein à ma candidature. Me voilà soulagée ! Il faudra que je refasse les examens bien sûr mais ça ne m'inquiète pas. Cette fois je suis confiante et le professeur Martin semble l'être aussi. Pour lui, ces examens ne vont pas servir à mesurer ma fertilité mais plutôt à ajuster le traitement. C'est donc comme si c'était fait.

C'est reparti pour les examens de Madame Maillet, de Madame Lisa ou de Madame XX 2012. Le don est anonyme, mais je dois aussi justifier de mon identité à plusieurs étapes. C'est donc un grand cafouillage. Quand je me présente avec mon nom de famille, on me dit de me taire. Quand je dis que je suis anonyme, on me demande de préciser mon identité car ça ne rentre pas dans l'ordinateur. Dans certains centres, à

Paris je crois, les donneuses ont des noms de fleurs. Au moins, les choses sont claires pour tout le monde. Ce cafouillage me fait sourire et m'attriste à la fois. Il indique clairement que le monde de l'hôpital ne traite que trop rarement des dossiers de donneuses...

Mi-novembre, les résultats tombent : me voici officiellement acceptée en tant que donneuse. C'est une grande victoire : d'abord pour l'espoir que j'offre à Marie et Benoît de devenir parents mais aussi pour moi-même. Le docteur Variot, en nous proposant un accueil d'embryons et en nous refusant un don de sperme nous avait fait douter de ma fertilité. C'était très peu confiants que nous étions partis en Espagne à l'époque... Aujourd'hui, c'est une vraie revanche pour nous !

Dans la foulée, je prends rendez-vous avec la psychologue pour l'entretien obligatoire qui sert à vérifier que j'ai correctement été informée de ce qu'implique un don : gratuité, anonymat... Il est expédié en vingt minutes car elle comprend assez vite que j'en connais plus qu'elle sur le sujet. Je rencontre ensuite l'anesthésiste et enfin la sage-femme pour la programmation du traitement.

Le protocole est un peu différent de celui des FIV que j'avais faites auparavant mais la piqûre quotidienne me rappelle des souvenirs à la seule différence que je dois mettre une alarme pour être sûre de ne pas l'oublier. Sans enfant, cette injection remplissait ma journée. Aujourd'hui, ma journée est toujours bien pleine et il faut donc que je libère du temps pour ça. La fin du traitement est un moment éprouvant pour moi quand j'apprends que Marie et Benoît ne pourront pas bénéficier d'un don avant de nombreux mois car il n'y a aucune autre donneuse en ce moment. J'ai tout mis en œuvre pour que mon don puisse se faire très vite afin que nos amis attendent le moins de temps possible et c'est donc une grande déception d'apprendre qu'ils devront encore patienter très longtemps. Je sais à quel point l'attente est douloureuse et paraît interminable quand on essaie d'avoir un enfant depuis de nombreuses années.

Je suis aussi perturbée par les rendez-vous qui s'enchaînent et m'obligent à faire garder mes enfants beaucoup plus souvent. L'emploi du temps de tout le monde, grands-parents compris est organisé en fonction de ma démarche. J'ai l'impression de délaisser ma famille et de contraindre les autres à s'adapter à moi. Je suis toujours aussi heureuse et motivée de faire ce geste mais il est temps que ça se termine.

2013

Le 9 janvier, c'est enfin le grand jour, celui de la ponction où mes petites bulles vont partir au congélateur pour faire dans quelques semaines, je l'espère, le bonheur d'un homme et d'une femme. Même si cet acte est logique pour moi, il n'en est pas moins rempli de questionnements. La conception de mes fils qui s'est faite en Espagne a mis de la distance entre nous et leur donneur, ce qui n'est pas le cas aujourd'hui pour mon don d'ovocytes puisque le couple receveur réside dans la même région que nous. Bien que peu probable, le risque d'une consanguinité future planera toujours un peu au-dessus de ma tête. Et que penser aussi de l'anonymat ? Tout comme mes enfants ne connaîtront jamais leur donneur, je ne saurai jamais si des enfants sont nés grâce à mes ovocytes ni qui ils sont et qui sont leurs parents. Mais je pense que c'est tant mieux. Que pourrais-je leur apporter ? L'essentiel, ils le savent déjà : une fée, par empathie pour leur souffrance, leur a donné une partie microscopique d'elle-même. Pour le reste, je ne vois pas quelle place je pourrais avoir dans leur vie, ni eux dans la mienne. Certains détracteurs de l'anonymat crieront au droit de connaître ses origines en faisant à mon avis l'amalgame avec les enfants abandonnés puis adoptés. Ces derniers ont eu une histoire avant de rencontrer leurs parents adoptifs. Ce n'est pas le cas pour les enfants du don. Leur histoire est celle de leurs parents qui se sont battus contre la stérilité pour leur donner la vie. Un ovocyte ou un spermatozoïde porte en lui un patrimoine génétique mais pas la vie d'une famille. Je ne pourrais jamais parler pour eux mais en lisant beaucoup de leurs témoignages, ce qui semble être le plus difficile à vivre pour un enfant né d'un don est le secret de sa naissance parfois révélé très tard, créant un sentiment de trahison ainsi que l'impression d'être un enfant de la honte dont on se croit obligé de taire la conception.

Même si aujourd'hui nos enfants ont déjà eu quelques explications sur leur « mode de fabrication » et que nous sommes fiers de la façon dont on leur a donné la vie, le sentiment de honte d'être un couple infertile n'est jamais très loin. Peu de personnes sont au courant de notre parcours : des FIV, du don de sperme, de la procédure d'agrément pour l'adoption, du don d'ovocytes. Alors que nous souffrons du tabou autour de la stérilité et du don, nous sommes les premiers à l'entretenir. J'aimerais pouvoir m'arranger avec ma conscience et penser que ce

n'est pas bien grave mais cela m'est impossible. Par amour pour mes fils, il est temps de parler. Assise devant mon écran d'ordinateur, j'ai aujourd'hui trois vœux à formuler :
— Que des hommes et des femmes trouvent en eux l'envie de donner leurs gamètes. On n'a pas tous les jours l'occasion d'offrir à son prochain du bonheur en barre.
— Que le législateur français arrête de faire l'autruche et rattrape son retard en matière d'assistance médicale à la procréation. Il y a du pain sur la planche !
— Que plus...
— Maman, câlin !
Gaspard qui vient de se réveiller de sa sieste grimpe sur mes genoux.
— Oh oui, on va faire un gros câlin mon pouss...
— Maman, maman, bousou !
Je n'ai pas le temps de finir ma phrase que c'est au tour d'Arthur d'escalader ma jambe pour me serrer dans ses petits bras.
— L'est où papa ? me demande-t-il. Lorsqu'il prononce ces quelques mots, sa voix et l'expression de son visage me rappellent tout à coup son père. Alors , je réalise qu'ils se ressemblent comme deux gouttes d'eau... qui ne viennent pas du même ciel.

Un grand merci à toutes celles et ceux qui sont venus mettre leur grain de sel :

Philippe, Marie-Anne, François, Aurélie, David, Chloé, Cathy, Jean, Dominique, Marie-Jo, Domi, Marion, Myriam et Bruno.

Editeur :
CreateSpace Independant Platform
7290B. Investment Drive
Charleston, SC 29418
USA
Imprimeur:
CreateSpace Independant Platform
7290B. Investment Drive
Charleston, SC 29418
USA

Impression à la demande

Selfie

ISBN-13 : 978-1494793906

ISBN-10 : 1494793903

Prix France TTC : 10 €

Dépôt légal : juin 2014

13027319R10115

Printed in Poland
by Amazon Fulfillment
Poland Sp. z o.o., Wrocław